La sauge des chamans

Marie Delclos

La sauge des chamans

Vertus thérapeutiques et rituels

Éditions TrajectoirE

Une marque du groupe éditorial Piktos,
Z.I. de Bogues, rue Gutenberg – 31750 Escalquens

www.piktos.fr

EAN : 978-2-84197-711-6

Avertissement

Les informations contenues dans ce livre ont été étudiées avec soin et passées au crible de nos connaissances et de notre éthique. Néanmoins, ni l'auteur, ni l'éditeur n'assument la moindre responsabilité pour les dommages présumés ou réels qui pourraient intervenir par l'utilisation ou en application directe ou indirecte des techniques présentées dans ce livre.

Les recommandations contenues dans cet ouvrage ne sauraient en aucun cas se substituer à un traitement médical. Si vous soupçonnez la présence d'une maladie, nous vous recommandons instamment de consulter un médecin.

Introduction

La sauge est connue depuis l'Antiquité et on la trouve aujourd'hui sur tous les continents. De tout temps et en tous lieux, en raison de ses vertus, elle a mérité la vénération universelle, en particulier celle des chamans.

D'où vient son nom ?

Le nom « sauge » est apparu au XIIIe siècle : il est issu de son nom latin ***Salvia*** qui lui fut donné à l'époque de la Rome antique (on la trouve ainsi nommée par exemple chez Pline l'Ancien, ayant vécu de 23 à 79 après J.-C.). *Salvia* dérive en effet de *salvus*, qui signifie « sain », « sauf », du verbe *salvare*, « sauver ».

Ce nom montre donc bien la reconnaissance générale des vertus de cette plante à tous les niveaux.

La sauge : une plante sacrée

Sur le plan thérapeutique, ses vertus sont innombrables. C'est pourquoi on l'appelle la « panacée », la ***Salvia salvatrix,*** la sauge « qui sauve et qui délivre ».

On la nomme aussi ***natura conciliatrix***, la « **nature médiatrice** » : ceci signifie que ses vertus vont bien au-delà de la simple thérapie. Un peu partout, elle est considérée comme une plante sacrée. D'où aussi son nom d'***herba sacra***, « **herbe sacrée** ».

Elle est « médiatrice » car elle « s'entremet » : elle sert d'entremetteur ou d'intermédiaire entre plusieurs personnes ou entre les humains et le divin ; entre les humains et la nature ; entre les humains et les esprits de la nature.

Elle permet ainsi la communication, voire la communion, entre les humains et les autres êtres.

Elle possède des vertus occultes, car elle agit sur le mental par l'intermédiaire du cerveau et du système nerveux, qu'elle stimule. Elle favorise ainsi le passage d'un état de conscience ordinaire à des états de conscience extraordinaires, différents, voire supérieurs, et que certains nomment « états de conscience chamaniques ».

Elle protège, purifie et harmonise. Aussi, on ne s'étonnera pas d'apprendre qu'elle est utilisée dans le chamanisme, en particulier en fumigations, autrement dit par exposition à la fumée ou à la vapeur de la plante.

Elle est ainsi toujours utilisée par les Amérindiens dans les rituels chamaniques et ceux qui pratiquent de tels rituels en Occident l'ont adoptée.

Son utilisation chamanique est attestée depuis quatre mille ans mais remonte probablement à plusieurs dizaines de milliers d'années.

En Israël, elle a donné son nom au mont du Temple, le mont Moriah, *moriah* signifiant « sauge » en araméen. Et ce, bien avant Salomon puisqu'Abraham déjà communiquait avec son dieu et ses représentants sur le mont Moriah, le mont de la Sauge. Puis, du temps de Moïse, elle donna sa forme à la ménorah, ce grand chandelier d'or à sept branches qui éclairait le sanctuaire, et, par là, elle est devenue un symbole de lumière et de connaissance (voir chapitre 7).

Cet ouvrage présente donc, en première partie, les vertus thérapeutiques de la sauge et met l'accent, en seconde partie, sur les divers rituels chamaniques qui l'utilisent.

Première partie

Les vertus thérapeutiques de la sauge des chamans

Le chamanisme est la première religion commune à tous les peuples.
Le chaman communique avec les esprits et c'est par eux qu'il acquiert la connaissance.
Le chaman a pour première fonction celle de soigner les malades, qu'il s'agisse de maladies physiques, mentales, psychologiques ou spirituelles.
Il doit donc pour cela connaître les plantes qui guérissent, sur les différents plans de l'être humain.
Il doit savoir les trouver dans la nature, les distinguer des autres plantes, reconnaître leurs différentes espèces.
Il doit savoir quelles sont les parties de la plante qui soignent.
Il doit savoir quand et comment cueillir les plantes en fonction du temps et du ciel.
Il doit savoir comment les conserver et comment les préparer.
Il doit savoir comment et quand les utiliser sur les malades.

C'est donc ce que nous allons découvrir à propos de la sauge dans cette première partie.

Nomina si nescis perit cognitio rerum
(La connaissance des choses périt par l'ignorance du nom).

Edward Coke, 1552-1634

Chapitre 1

La sauge dans l'histoire ; ses différents noms

La sauge présente de nombreuses variétés. Elle a aussi reçu différents noms, inspirés des vertus spécifiques de ces variétés présentes à travers le monde.

Ces différents noms, par la suite, ont été attribués aux diverses variétés de la plante et tous les auteurs n'ont pas toujours été d'accord entre eux.

Toutefois, on remarque une constante : la sauge est une plante hors du commun, très intéressante à toutes sortes de niveaux, qu'ils soient physiologiques, psychiques ou spirituels, voire magiques.

INFO ! Les noms qui furent donnés à la sauge évoquent tantôt ses vertus thérapeutiques classiques, tantôt son utilisation par les chamans.

Nous avons vu dans l'introduction que son nom « sauge », celui que nous lui donnons dans nos contrées et qui nous vient des Romains, exprime bien l'ensemble de ses qualités thérapeutiques, puisque ce mot vient du latin ***salvus*** (« sain ») qui a donné les mots « sauveur », « salut », « salubre » ou même « Salut ! » – qui, ce que l'on oublie généralement, signifie « Portez-vous bien ! »

Cette plante tenait, on l'avait compris, une place importante dans le monde gréco-romain.

Les Romains, qui la nommaient aussi ***herba sacra*** (« herbe sacrée »), la cueillaient avec respect, pieds nus et vêtus d'une toge de lin blanc, soit à la main soit avec une **serpe qui ne devait surtout pas être en fer ou en métal ferreux**. Ce en quoi ils n'avaient pas tort, puisque les **sels de fer sont incompatibles avec les huiles essentielles de la sauge**.

Les soldats en emportaient toujours quelques feuilles dans leurs bagages.

En Gaule, les druides (de *dru-wid-es* signifiant « très savants ») la connaissaient et l'utilisaient pour combattre les fièvres et la toux, les rhumatismes, la paralysie, l'épilepsie, mais encore pour favoriser la fertilité et l'accouchement… et même pour ressusciter les morts. Elle entrait également dans la composition de l'hydromel et de la cervoise.

Mais l'utilisation de la sauge ne date ni des druides ni des Romains. La sauge avait sa place chez les Hébreux, qui l'utilisèrent pour communiquer avec leur dieu.

Les anciens Égyptiens l'utilisaient également, puisqu'elle figure dans le papyrus *Ebers* – qui décrivait l'usage de plus de cinq cents plantes médicinales et de sept cents recettes de médicaments – retrouvé dans les ruines du temple de Louxor et écrit en 1600 av. J.-C., à l'époque où Moïse faisait construire le chandelier inspiré de cette plante. D'après le Grec Dioscoride, ils l'utilisaient pour toutes sortes de maladies abdominales, mais aussi pour les maux de dents et pour l'asthme (en la fumant). Leurs femmes buvaient de son jus pour accroître leur fertilité.

INFO ! L'utilité de la sauge se transmit à travers les siècles. Partout où elle poussait, les chamans, dont l'une des principales fonctions était de soigner les malades, l'utilisaient quelle que soit la variété présente.

Dans le monde gréco-romain : d'Hippocrate à Paul d'Égine (du Vᵉ siècle avant J.-C. au VIIᵉ siècle après J.-C.)

Le très célèbre grec **Hippocrate** (460-370 av. J.-C.), considéré comme le père de la médecine européenne, et dont les médecins prononcent toujours le serment[1], préconisait l'utilisation de la sauge dans son ***Corpus Hippocraticum***, répertoire de deux cents drogues dans lequel il écrivait que la nature était le « premier médecin ».

Après lui, les médecins grecs et romains l'utilisaient et la décrivaient dans leurs traités de médecine.

Il en fut ainsi de **Théophraste** (IVᵉ-IIIᵉ siècle avant notre ère), qui fut élève de Platon puis d'Aristote, et qui est considéré comme le fondateur de la botanique.

On peut penser également à **Dioscoride** (Pedanios Dioscoridès), médecin grec d'Asie mineure du Iᵉʳ siècle après J.-C. (mort en 90) et considéré comme **le père de la pharmacie**. Il reprit en partie les œuvres de Théophraste, étudia la médecine à Alexandrie, puis à Athènes. Il voyagea beaucoup et mit à profit ses voyages pour approfondir ses connaissances. Son ouvrage écrit en grec *Peri ulès iatrikès* (en latin *De Materia Medica*,

1. Le serment d'Hippocrate est le serment prêté traditionnellement en Occident par le nouveau médecin avant d'exercer. Texte fondateur de la déontologie médicale, il a été remanié notamment par la suppression des divinités par lesquelles on jurait à l'époque d'Hippocrate.

soit : « À propos de la matière médicale ») est la première description des remèdes et de leur préparation. Dans ce traité en six livres, on trouve la description de plus de six cents plantes médicinales (dont plusieurs étaient inconnues avant lui), avec la manière de les utiliser et la liste des maladies qu'elles guérissent. Il établit ainsi les bases scientifiques de la pharmacie. Écrit en grec, cet ouvrage inspira Pline qui fut son contemporain mais mourut prématurément lors de l'éruption du Vésuve en 79. Traduit en latin et en arabe, il influença les pharmacopées orientales et occidentales, et fut traduit et commenté en France jusqu'à la fin du XVIe siècle. À propos de la sauge, Dioscoride écrivait notamment que « la décoction des feuilles et des branches en boisson est diurétique, emménagogue, abortive ». Il distingue la sauge cultivée (la grande et la petite) et la sauge sauvage.

Il en fut donc ainsi de Pline. Dans son *Histoire naturelle* (livre XX), celui-ci expliquait que la sauge est plantée dans les jardins pour ses propriétés protectrices, qu'elle est « excellente pour aider la mémoire, le réchauffement et l'accélération des sens » et que « le voyageur qui porte de l'armoise et de la sauge attachées sur lui ne craint pas la fatigue ».

Galien (né à Pergame en Asie mineure en 129 et mort en 216) fut lui aussi important. Par ses découvertes anatomiques et pharmaceutiques en composant la ***Pharmacopée galénique*** – ouvrage sur les médicaments et l'importance de leur mise en forme –, il influença énormément la médecine à tel point qu'aujourd'hui, en pharmacie, on emploie encore le terme de « forme galénique » d'un médicament. Après avoir soigné et guéri de nombreux gladiateurs, il soigna le fils de Marc Aurèle, puis l'empereur lui-même, dont il soulagea les migraines grâce à une formule à base d'opium comptant cinquante-deux composants.

Enfin, au IVe siècle, le médecin grec **Oribase** soigna l'empereur Julien. Il laissa un célèbre traité de pharmacologie à base de plantes, basé sur des compilations d'Hippocrate et de Galien.

Les appellations grecques de la sauge

Celle qui fait tournoyer

Si les Romains nommaient la sauge *salvus*, les Grecs, comme nous le rapporte Dioscoride, la nommaient *sphacos* ou encore *élélisphacos*, « la sauge qui fait tournoyer » de *sphacos* signifiant « sauge » et du verbe *elelizein* qui veut dire « faire tournoyer », « faire vibrer », « secouer ».

INFO ! Le nom grec de la sauge évoque les danses extatiques des chamans de certaines régions.

Celle qui fait désirer

Les Grecs la nommaient aussi *orminon* qui devint en latin *horminum*. Or, *orminon* vient du verbe *ormainein* qui signifie « pousser fortement », « exciter à », « désirer ». Ils la nommaient ainsi parce que, disaient-ils, sa vertu principale était « d'exciter à l'amour avec violence ». En clair, la sauge est aphrodisiaque, surtout sous forme de vin. D'ailleurs, les Grecs ne se privaient pas d'en faire et d'en boire…

INFO ! La sauge peut évoquer les mouvements des chamans, simulant ceux des mâles en rut avant de partir à la chasse, qu'ils effectuaient dans le but de se concilier les esprits animaux.

On comprend pourquoi, dans son livre *La Cuisine amoureuse et magique,* Robert Villon place en bonne position le vin de sauge et nous en donne une recette (voir chapitre 6).

Au VIe siècle, **Aétios** d'Amida (ville de Mésopotamie), compilateur des anciens textes de médecine comme ceux de Galien et de Dioscoride, écrivait à propos de la sauge que « la femme qui en boit le suc, mêlé d'un peu de sel, avant de s'unir à son mari, ne manque jamais de concevoir ».

La porteuse de vie

Chez **Paul d'Égine** (VIIe siècle), on trouve la sauge mentionnée sous deux noms ; *orminon* et *forbion*, ce dernier nom étant aussi évocateur que le premier, mais d'une autre façon puisqu'on peut le traduire par « porteur de vie ».

Pour tous les Grecs, la sauge était considérée comme tonique et stimulante et elle était interdite aux athlètes lors des compétitions. Déjà la lutte antidopage !

Dans l'Occident chrétien : de Charlemagne à la Révolution

En fait, la sauge sous ses différentes formes reçut, en dehors de son nom latin *Salvia*, toutes sortes de noms fort évocateurs comme la « toute bonne » ou encore « l'orvale », qui signifie « qui vaut autant que l'or », car ses vertus sont innombrables. On ne sera donc pas étonné d'apprendre que la sauge était toujours au Moyen Âge considérée comme une panacée.

Au Moyen Âge

Charlemagne ordonne la création de jardins et la culture de la sauge

Au VIIIe siècle, la sauge était inscrite au ***Capitulaire De Villis***, attribué à Charlemagne, mais en réalité établi à la demande de son fils Louis[2] ; ce recueil précieux fut consulté par les médecins jusqu'au XVIIe siècle.

Il s'agit d'un acte législatif dans lequel Charlemagne édicte des règles à l'intention des gouverneurs de ses domaines (*villis*).

Il leur ordonne notamment d'avoir des jardins et d'y cultiver des plantes bien précises. Une liste de soixante-quatorze plantes herbacées y figure, parmi lesquelles on trouve la sauge.

Volumus quod in horto omnes herbas habeant,
id est lilium, rosas, fenigrecum, costum, salviam…
Et ille hortulanus habeat super domum suam Iovis barbam.

« Nous voulons des jardins
avec toutes les herbes suivantes : lys, roses,
fenugrec, costum (grande balsamite), sauge… »

Tous obéirent et tous les monastères possédaient un jardin de plantes médicinales avec la sauge en bonne position.

L'éloge de la sauge dans l'Hortulus de Strabon et les « jardins de simples »

Le moine Walafrid Strabon (né en 808, mort en 849 noyé dans la Loire), dans son monastère à Reichenau au bord du lac de Constance, chantait les louanges de la sauge et lui faisait une place de choix dans son *Hortulus* (livre sur la culture des jardins dont le nom complet est *Liber de cultura hortorum*) : ce poème consacré à vingt-quatre plantes médicinales fut lu durant tout le Moyen Âge.

La sauge saute aux yeux, a une odeur sucrée,
une force et une utilité considérable comme breuvage.
Elle est bénéfique dans la plupart des maladies
et a bien mérité de jouir d'une verte jeunesse.

D'où son nom de *Salvia viridis*, la « viridité », puissance de vie que manifeste la sève montante. Hildegarde de Bingen[3] parlera longuement de cette viridité[4].

---

2. Jean-Marie Pelt, *Les Épices*, Fayard, Paris, 2002.
3. Voir plus bas, p. 16
4. La « viridité », du latin *viriditas*, « vigueur, verdeur », est un terme inventé par Hildegarde pour désigner la force à l'œuvre partout dans la nature aussi bien dans le monde végétal – la puissance de vie que manifeste la sève montante – que dans le monde animal – la viridité du sang de la femme qui conduit sa fécondité à produire une descendance. On peut toutefois traduire « viridité » par « énergie verte »…

Ainsi, au IXe siècle, les **jardins de simples** font leur apparition. Les moines de Saint Benoît, puis les autres, l'introduisent dans leurs monastères. La sauge gagnera rapidement, d'ailleurs, les jardins des paysans.

Dans les jardins des monastères, les religieux s'approvisionnent en remèdes, en légumes et en fruits.

L'*Herbularius* (du latin *herba* signifiant « herbe » et par extension « plante médicinale ») est l'espace consacré aux « simples », qui désignent les plantes médicinales, les aromates et les condiments ; tandis que l'*hortus* celui consacré aux légumes, en d'autres termes, c'est donc le potager (du latin *hortus* qui signifie « enclos, jardin » ; chez Pline ce terme désigne le légume du jardin, qui a donné au Moyen Âge « ortage » pour parler d'un légume).

INFO ! Aujourd'hui, on peut visiter un jardin reproduisant ceux du Moyen Âge dans les Deux-Sèvres : le jardin carolingien des Mines d'argent des Rois Francs, à Melle[5].

Ces jardins, de forme carrée, étaient divisés par des allées en forme de croix avec en général, au centre, un point d'eau : une fontaine ou un puits. Des bordures de buis entouraient les petits carrés formant un damier dans lesquels on regroupait les plantes de mêmes catégories. On avait donc par exemple le carré des labiées (voir chapitre 4), plantes essentiellement médicinales et condimentaires, qui comprenaient la sauge, évidemment, en premier, accompagnée de la menthe, du romarin, de l'hysope, de la sarriette, du thym, du basilic…

Au Xe siècle, les moines apothicaires prennent de l'importance et détiennent le savoir et les plantes médicinales. Ils sont les garants de la médecine. Les femmes la pratiquent aussi.

En Rhénanie-Palatinat, au XIIe siècle, Hildegarde de Bingen : une chamane au Moyen Âge

Dans son couvent aux bords du Rhin, la célèbre Hildegarde de Bingen, abbesse bénédictine (1098-1179) fonde une école d'infirmières et de nombreux monastères. Ses deux ouvrages, *Physica* ou « De la médecine simple » et *Causae et Curae* « Sur les causes et les remèdes » (traduit en 2005), sont les seuls traités de médecine composés en Occident au XIIe siècle. L'importance d'Hildegarde est illustrée par le fait qu'elle sera nommée docteur de l'Église par Benoît XVI en 2012. Médecin renommé, elle s'occupe du jardin de son monastère où sont cultivées les simples. Elle veille à les planter, les semer et les récolter en fonction de la position de la Lune. Elle s'intéresse de près à la nature tout entière. Elle prend également en considération la qualité des eaux des différents fleuves (en particulier

5. Pour plus d'informations, voir le site http://www.mines-argent.com

le Rhin, la Meuse, le Danube) et, pour se faire une idée plus précise, elle voyage, observe, goûte, expérimente les vertus des plantes, des animaux, des herbes, des bois.

Comme tous les chamans, elle soigne le corps mais aussi le mental et l'âme. Elle chasse les esprits malins. Elle guérit par des bénédictions. Sa clairvoyance permet de détecter les mauvaises pensées et la puissance de son esprit la guide pour purifier les personnes qui en sont atteintes.

Hildegarde utilise également les plantes pour lutter contre la mélancolie, contre la colère (la sauge notamment), pour ressourcer un cerveau fatigué ou pour lutter contre les fantasmes et délires. Hildegarde est aussi connue pour ses visions, qui lui permettent d'exprimer des prophéties.

La sauge est sa plante favorite. Elle la prescrit en cas de mauvaise haleine, de maux d'estomac et de migraine, ou encore de douleurs musculaires. Elle écrit :

La sauge est de nature chaude et sèche. Elle est bonne à manger aussi bien crue que cuite, pour ceux qui souffrent d'humeurs nocives, car elle apaise ces humeurs.

Aujourd'hui encore, le chaman Mario Mercier mâche des feuilles de sauge séchée quand il a besoin de se ressourcer en énergie lors d'un rituel[6].

Puis, les monastères s'ouvrent peu à peu aux laïcs et fondent des écoles où l'enseignement de la médecine tient une large place.

En Campanie (actuelle Italie), du XIe au XIIIe siècle : l'école de Salerne, première école laïque de médecine

Au nord de la Calabre et au sud de Naples, dans une petite ville nommée Salerne, le dispensaire d'une abbaye fondée au IXe siècle devient la première école médicale laïque.

Constantin l'Africain s'y installe en 1076 et, maîtrisant parfaitement le latin, l'hébreu, l'arabe et le persan, reprend la traduction des Anciens. L'école abrite un jardin botanique et accueille des érudits venus de toutes parts. Elle accorde une place primordiale à la sauge : c'est en effet à cette école que l'on doit les noms de *Salvia salvatrix,* la sauge « qui sauve, qui délivre » et de *natura conciliatrix*, la « nature médiatrice ».

On y disait en vers :

Cur moriatur homo cui salvia crescit in horto
Contra vim mortis non est medicamem in hortis

Soit :

« Comment peut mourir celui qui a la sauge en son jardin
Si ce n'est qu'aucune plante n'est assez forte
contre la mort ? »

6. Mario Mercier, *Voyage au cœur de la force*, éditions du Relié, Paris, 2007.

C'est ainsi que la culture de la sauge s'est répandue dans toute l'Europe.

Au XIIe siècle, les universités prennent la relève des écoles des monastères. Mais l'héritage des Anciens est toujours bien présent. Hippocrate et Galien montent la garde.

À la Renaissance (XVe siècle-fin du XVIe siècle)

François Ier et l'eau d'arquebusade

En 1516, François Ier, voyant que l'arquebuse, cet ancêtre des armes à feu, occasionnait des blessures et des brûlures, tant à ceux qui l'utilisaient qu'à ceux qui en étaient victimes, et que les plaies ainsi occasionnées se cicatrisaient difficilement, ordonne que l'on fabrique une « eau vulnéraire » (c'est-à-dire qui soigne les plaies et les blessures, du latin *vulnus* signifiant « blessure ») pour soigner les soldats blessés, qui ne recevaient aucun soin. Il fait appel à des moines maîtrisant l'utilisation des plantes à des fins médicales afin qu'ils préparent un extrait végétal efficace pour soigner ces blessures. Ce sont les moines vivant dans le monastère Saint-Antoine-le-Grand, dans le Vercors, qui fabriquent cette eau, que l'on appelle alors « eau d'arquebusade ». L'« eau » produite selon cette recette a été fabriquée et distribuée pendant des siècles. Au XVIIe siècle, certains moines, détenteurs du secret de fabrication de l'eau d'arquebusade, émigrent en Suisse où ils poursuivent la production de l'« eau ». Et au début du XVIIIe siècle, deux pharmaciens de Lausanne, Fabre et Bouet, réussissent, sans doute grâce à des dons importants, à obtenir des moines la formule originale de cette eau, qui est alors commercialisée sous le nom de la « Véritable Eau d'Arquebusade », et qui connaît un grand succès commercial.

Les principes actifs de cette eau sont essentiellement la sauge, le fenouil, le thym et la lavande.

Hieronymus Bock

Ce pasteur luthérien et botaniste (1498-1554) chantait lui aussi les louanges de la sauge.

De tous les buissons, on n'en trouve guère qui surpasse la sauge, car elle sert le médecin, le cuisinier, la cave, le riche et le pauvre, fait du bien à tout le corps. Car la sauge chasse le poison, apaise la toux, calme les lancées sur les flancs (la rate), chauffe le foie et la matrice[7], est diurétique et résout les troubles féminins. Sert à soigner toutes les maladies dues au froid, non seulement en tisane, mais aussi sous forme de friction des membres. Une décoction de sauge est efficace pour nettoyer les intestins dans la dysenterie. La décoction de sauge dans l'eau nettoie et guérit les plaies et les morsures d'animaux venimeux, calme les hémorragies, nettoie les ulcères purulents

7. L'utérus.

et guérit les croûtes. Se frotter les dents avec des feuilles de sauge fraîches permet de les garder solides et propres. Les gargarismes à la sauge cuite dans le vin contrôlent le mal de cou et de gorge…

Rembert Dodoens (1517-1585), botaniste et médecin belge

Il se réfère à Théophraste, Pline, Dioscoride et Aétios d'Amida (en français Aèce), qu'il cite.

La sauge cuite en vin et bue provoque l'urine et rompt la pierre, conforte le cœur et apaise la douleur de tête. Les femmes grosses la peuvent utilement manger car, comme dit Aèce, elle ferme la matrice, fait vivre le fruit et le fortifie.

Ou encore :

La sauge sauvage, suivant Théophraste, dissout le lait caillé dans le corps.

Au XVIIe siècle

Chomel préconise l'usage de la petite sauge utilisée comme du thé

Sous Louis XIV, le botaniste **P.J.B. Chomel** (1671-1740), qui fut conseiller médecin ordinaire du roi, puis doyen de la faculté de médecine de Paris en 1738, écrit à propos de la sauge dans son *Abrégé des plantes usuelles* paru pour la première fois en 1712 :

En un mot, cette plante a tant de vertus qu'elle passe dans l'esprit de plusieurs pour une plante universelle.

Chomel écrit :

On place une pincée ou un petit bouquet de huit à dix feuilles de la plante dans un demi-setier (un quart de litre) d'eau bouillante, on y ajoute un peu de sucre. On prend cette tisane chaque matin à jeun, c'est bon pour le cerveau, la circulation du sang, l'estomac, la digestion.

On peut penser que c'est sur ses conseils que Louis XIV en avait fait sa tisane favorite. On sait que le Roi-Soleil avait de pénibles problèmes de santé et en particulier des maux de dents et des ulcères purulents. On peut alors supposer que c'est grâce à la sauge qu'il put régner si longtemps en dépit de toutes ses effroyables maladies, sans oublier les centaines de saignées qu'il dut subir de la part des médecins.

À la même époque, on fume les feuilles de sauge pour lutter contre l'asthme

On roulait alors les feuilles pour en faire des cigarettes et on commençait à les fumer lors de l'apparition des pollens. Aujourd'hui, on les roule ainsi en forme de gros cigares, mais c'est surtout pour assainir les lieux et les débarrasser des esprits nuisibles, lors des rituels chamaniques[8].

Si Louis XIV a fait de la sauge sa tisane favorite, quatre détrousseurs de cadavres l'utilisèrent pour éviter la contagion.

Le vinaigre des quatre voleurs durant la grande peste de Toulouse

L'origine de cette appellation se trouve racontée dans les archives du parlement de Toulouse. L'histoire se passe pendant la grande Peste, qui eut lieu de 1628 à 1631 et décima la population (il y eut plus de 50 000 victimes).

On arrête alors quatre détrousseurs de cadavres qui sévissent malgré les risques de contagion :

> *Quatre voleurs y furent convaincus lors de l'ancienne grande peste qu'ils allaient chez les pestiférés, les étranglaient dans leurs lits et après volaient leurs maisons. Ce pourquoi ils furent condamnés à être brûlés vifs et pour qu'on adoucît leur peine et pour éviter d'estre pendus ils découvrirent leurs secrets, ils racontèrent qu'ils s'enduisaient le corps d'un vinaigre aromatique pour se protéger et en buvaient régulièrement. Ils donnèrent leur formule contre la promesse d'être graciés.*

Cette formule paraît dans le *Mercure de France* en 1721.

Toutefois, les voleurs sont quand même pendus haut et court, bien que, grâce à eux, de nombreuses vies aient été sauvées.

La recette du vinaigre des quatre voleurs

Faire macérer dans un litre de vinaigre rouge ou de vinaigre de cidre durant une semaine et demie ou 21 jours : 40 g de romarin, 40 g de sauge, 40 g de lavande, 40 g de menthe, 40 g de rue, 20 g de grande absinthe, 20 g de petite absinthe, 5 g de cannelle, 5 g d'ail, 5 g de girofle. Filtrer et mettre en bouteille.

Les quatre voleurs s'en frottent tout le corps, les mains, le visage, ils en brûlent dans les appartements ; ils en respirent dans le creux de leurs paumes ou dans un flacon, s'en frottent les tempes et placent sur leurs visages des masques imbibés de ce vinaigre.

Un siècle plus tard, une autre épidémie ayant eu lieu, cette fois à Marseille, d'autres détrousseurs de cadavres avouent, dans les mêmes circonstances, utiliser une recette similaire.

Par la suite, les herboristes marseillais s'en emparent. Toujours est-il que ce vinaigre se répand dans le monde entier. Maurice Mességué, dans son livre *C'est la nature qui a raison*, raconte que le « vinaigre des quatre voleurs reste inscrit au *Codex* des pharmaciens jusqu'à la fin du XIXe siècle.

8. Voir la seconde partie de cet ouvrage, consacrée aux rituels chamaniques.

Entretemps, il était devenu produit d'épicerie et M. Maille, distillateur en vinaigre, le fabriqua selon une recette inspirée de celle des voleurs mais améliorée selon sa technique de vinaigrier patenté.
Il recommandait de s'en frotter les tempes et d'en boire à jeun une cuillerée dans un verre d'eau avant d'aller voir des malades.

On peut se servir de ce vinaigre pour soigner l'eczéma, l'herpès et, chez les animaux, les puces. Et bien sûr, on peut l'utiliser en cas d'épidémie comme la grippe. Aujourd'hui, certains l'utilisent pour soigner leurs animaux, comme en cas d'eczéma chez le chien.

Notons tout de même que l'utilisation de la sauge par les quatre voleurs pour se préserver de la contagion n'était pas une première : en effet, il en était déjà ainsi en Égypte antique puisque, lors d'une épidémie de peste, des Égyptiennes furent épargnées grâce à un breuvage à la sauge et purent repeupler leur ville.

À la même époque, le médecin Paullini, féru de sauge, y consacre une monographie de plus de quatre cents pages.

La sauge est ainsi à l'honneur jusqu'au XVIIIe siècle pour ses vertus thérapeutiques.

La sauge en Chine

Les Chinois, au cours de leurs échanges commerciaux avec l'Occident, découvrent la sauge à leur tour et échangent leurs feuilles de thé contre des feuilles de sauge. En 1764, Valmont de Bomare, dans son *Dictionnaire raisonné universel d'histoire naturelle*, écrivait :

Les Chinois aiment tant la sauge qu'ils s'étonnent comment les Européens viennent chercher le thé dans leur pays, pendant qu'ils ont chez eux une plante aussi excellente et qui réellement lui est préférable. Aussi les Hollandais ont-ils grand soin d'enlever à grand marché presque toute la récolte de la sauge qui croît sur nos côtes de Provence et de la porter en Chine, où ils la vendent très cher, tant aux Chinois qu'aux Japonais. On prétend que dans l'échange d'une caisse de sauge ils en obtiennent deux caisses et souvent trois de thé vert[9].

Depuis, bien entendu, les Chinois la cultivent eux-mêmes.

De l'autre côté de l'océan, chez les Amérindiens

Le chia ou la sauge hispanique

Avant la découverte de l'Amérique par Christophe Colomb, les Mayas et les Aztèques cultivent une espèce de sauge qu'ils appellent le « chia », et que

9. Valmont de Bomare, *Dictionnaire raisonné universel d'histoire naturelle*, tome 5, Paris, Didot le Jeune, 1764.

les Occidentaux nomment *Salvia hispanica.* Avant l'arrivée des Espagnols, les graines de cette plante servent de monnaie d'échange ou d'offrandes rituelles. Ces graines sont une source alimentaire non négligeable et contiennent des oméga-3. Le chia a donné son nom à un État mexicain, le Chiapas.

La sauge des devins et la sauge blanche

La ***Salvia divinorum*** est une plante vivace tropicale originaire du Mexique. Elle est connue pour ses effets psychotropes. On la connaît aussi sous des noms divers comme *hoja de la pastora* ou *yerba de Maria.*

Elle est utilisée, on s'en doute, essentiellement dans les rites chamaniques, tout comme la ***Salvia apiana*** ou sauge blanche (voir chapitre 4) qui est celle que l'on utilise le plus en Occident dans les rituels chamaniques.

Aujourd'hui

Après un abandon de la médecine par les plantes au XXe siècle au profit des molécules issues de la chimie de synthèse, grâce aux progrès de la science, aux découvertes comme les antibiotiques par Fleming en 1928 et la vaccination par Pasteur, des voix continuèrent à se faire entendre pour un rapprochement avec la nature.

1895 : l'année de la naissance de la naturopathie, avec John Scheel

En 1895, on assiste à la naissance de la naturopathie aux États-Unis, avec John Scheel. Faisant référence à Hippocrate, celui-ci explique qu'il faut « guérir dans le sens où le veut la nature et suivant les règles de la nature » en mettant en action une approche globale et dynamique de l'être humain sur ses différents plans d'existence (énergétique, psychologique, physiologique, mental), qui sont en interaction permanente entre eux et avec l'environnement.

Le réveil de la phytothérapie, avec le suisse A. Vogel

Le suisse Alfred Vogel (1902-1996), naturopathe et herboriste, pionnier suisse de la phytothérapie, constate que l'usage médical de la plante fraîchement cueillie s'avère d'une efficacité supérieure à celle obtenue par dessiccation de la plante. Il parcourt le monde et se rend notamment en Amérique, où il sympathise avec le peuple sioux. Il en ramène la semence d'*Echinacea purpurea* qui lui a été offerte en cadeau. Les chamans amérindiens l'utilisent pour le traitement des blessures, brûlures, les morsures d'insectes, pour les maux de dents et les infections de la gorge, pour calmer la douleur, la toux, les maux d'estomac. Elle réveille et stimule le système immunitaire.

1971 : la vulgarisation de la médecine par les plantes et les huiles essentielles, avec J. Valnet

C'est Jean Valnet (1920-1995), médecin et chirurgien militaire français, qui vulgarise la médecine par les plantes et les huiles essentielles.

En 1971, il fonde l'Association de recherche en phytothérapie et aromathérapie car, selon lui, « unissant les recherches modernes aux enseignements du passé, la phytothérapie et l'aromathérapie n'ont jamais cessé d'être des médecines millénaires et d'avenir ». Il publie son livre *Docteur Nature*. Pour la peine, il est suspendu pendant un an de l'Ordre des médecins.

Dans son livre *Aromathérapie*, il écrit ces lignes sur lesquelles il est bon de méditer :

> *Les plantes n'ont jamais trahi les espoirs nourris à leur endroit. À une seule condition toutefois, c'est qu'elles aient été récoltées au moment opportun, aux lieux prédestinés, c'est qu'elles aient été séchées, conservées avec art, pour que leur puissance demeure intacte. À une condition également, c'est qu'elles aient été utilisées à bon escient*[10]*.*

Aujourd'hui, la phytothérapie (du grec *phyton*, « végétal » et *therapein*, « soigner »), qui permet de traiter le malade dans sa globalité, connaît un nouvel élan.

10. Jean Valnet, *Aromathérapie*, Maloine, Paris, 1980.

Il faut que les démons de la nuit s'apaisent et que les morts se réjouissent. Apportez-moi de la verveine en fleurs, de la sauge cueillie à minuit et du trèfle à quatre feuilles.

Charles Nodier, *Smarra ou les démons de la nuit*

Chapitre 2

Légendes et pratiques populaires

Les légendes

La sauge et la chèvre de Jupiter

La sauge, comme toutes les plantes, se relie traditionnellement à une planète.

Chaque planète, comme chaque signe du zodiaque, « gouverne » ou « régit » spécifiquement des minéraux, des végétaux et des animaux.

Ainsi, la sauge est régie par Jupiter, planète chaude et humide, mais aussi par le Soleil, qui est chaud et sec.

La sauge est considérée comme chaude et elle correspond à l'élément Air, ce qui lui permet de mettre les hommes en relation avec les esprits, par sa fumée, mais sous le soleil elle dégage des vapeurs chaudes et odorantes.

Il est donc logique de retrouver la sauge, la reine des herbes aromatiques, dans une légende parlant de Jupiter, le roi des dieux.

L'histoire des dieux de l'Olympe, on le sait, fut assez mouvementée. Zeus, le Jupiter des Romains, était le cadet des six enfants de Cronos (Saturne chez les Romains) et de Rhéa. Mais Cronos, par jalousie et par peur d'un rival, avalait tous ses rejetons au fur et à mesure qu'ils naissaient, jusqu'à ce que Rhéa décide de se faire aider par sa mère Gaïa, la Terre.

Elles emmaillotèrent une pierre et la présentèrent à Cronos, qui l'avala. Pendant ce temps, Rhéa alla cacher Jupiter, alors enfant en Crète, dans une grotte située au flanc du mont Ida recouvert de bois et de buissons épais. Il y fut nourri par la chèvre Amalthée. Dans une des nombreuses légendes issues de celles d'Hésiode et d'Homère, les buissons qui recouvraient la montagne étaient des buissons de sauge. Pline, de son côté, rapporte que la *Salvia aethiopia* pousse sur le mont Ida. De la sorte, le lait de la chèvre Amalthée qui broutait les buissons de sauge avait pris grâce à cette plante un caractère divin.

La sauge, la Vierge et l'enfant Jésus ; la fuite en Égypte

Les chrétiens à leur tour inventèrent une légende mettant la sauge à l'honneur. Alors que le roi Hérode décidait de faire périr tous les nouveau-nés de la région, Joseph, l'époux de Miriam, la Vierge Marie, fut averti du danger par un ange : « Lève-toi, prends l'enfant et sa mère. Fuyez en Égypte et restez-y jusqu'à ce que je t'avertisse, car Hérode recherche le nouveau-né pour le faire périr ».

La sainte Famille s'enfuit donc avec un âne portant l'enfant sur son dos.

Tandis que les bourreaux du roi, féroces et tout couverts de sang, fouillaient la région de Bethléem pour égorger les petits enfants, Miriam se sauvait à travers les montagnes de Judée, serrant l'enfant Jésus sur son cœur, Joseph courant devant.

Personne ne voulait les aider. Il n'y avait rien pour les abriter, pour les cacher aux regards des soldats lancés à leur poursuite. Les gens étaient ainsi faits, dans ce pays si triste, que personne ne voulait rien donner, ni eau, ni abri, pas même une bonne parole.

Or, tandis que la pauvre mère se trouvait ainsi seule, assise au bord du chemin pour allaiter le petit, tandis que son époux menait l'âne boire à un puits communal, ne voilà-t-il pas que des cris se firent entendre à peu de distance. En même temps, le sol trembla sous le galop des chevaux des soldats qui s'approchaient. Où se réfugier ? Pas la moindre grotte, ni le plus petit palmier. Il n'y avait près de Marie qu'un buisson où une rose s'ouvrait.

Marie demanda asile et protection à la rose :

« Rose, belle rose, supplia la pauvre mère, épanouis-toi bien et cache de tes pétales cet enfant que l'on veut faire mourir, et sa pauvre mère à demi morte. » La rose refusa.

Fronçant le bouton pointu qui lui servait de nez, elle répondit :

« Passe vite ton chemin, jeune femme, car les bourreaux en m'effleurant pourraient me ternir. Vois la giroflée, tout près d'ici. Dis-lui de t'abriter. Elle a assez de fleurs pour te dissimuler. »

Marie demanda alors asile et protection à la giroflée :

« Giroflée, giroflée gentille, supplia la fugitive, épanouis-toi bien pour cacher de ton massif cet enfant condamné à mort et sa maman épuisée. »

La giroflée refusa.

Tout en secouant les petites têtes de son bouquet, elle lui dit :

« Va, passe ton chemin, pauvresse. Je n'ai pas le temps de t'écouter. Je suis trop occupée à partout me fleurir. Va voir la sauge, tout près d'ici. Elle n'a rien d'autre à faire que la charité. »

Marie demanda alors asile et protection à la sauge :

« Ah ! Sauge, bonne sauge, supplia la malheureuse femme, épanouis-toi pour cacher de tes feuilles cet innocent dont on veut la vie et sa mère, à demi morte de faim, de fatigue et de peur. »

La sauge accepta.

Elle s'épanouit si bien qu'elle couvrit tout le terrain. De ses feuilles de velours, elle fit alors un dais, où s'abritèrent l'Enfant Dieu et sa mère. Les bourreaux passèrent sans rien voir. Au bruit de leurs pas, Marie frissonnait d'épouvante, mais le petit, caressé par les feuilles, souriait. Puis, comme ils étaient venus, les soldats s'en allèrent.

Marie et Jésus sortirent de leur refuge vert et fleuri et remercièrent la sauge :

« Sauge, sauge sainte, à toi grand merci. Je te bénis pour ton bon geste dont tous désormais se souviendront. »

Lorsque Joseph les retrouva, il avait de la peine à soutenir le train de l'âne tout ragaillardi par une vaste platée d'orge qu'un brave homme lui avait donnée. Marie remonta sur la bête en serrant contre elle son enfant sauvé. Et Michel, l'archange de Dieu, descendit des hauteurs du ciel pour leur tenir compagnie et leur indiquer le plus court chemin par lequel se rendre en Égypte, tout doucement, à petites journées.

La rose et la giroflée furent punies : depuis cet événement, la rose a des épines, la giroflée des fleurs malodorantes.

La sauge fut récompensée : elle possède dorénavant de nombreuses vertus de « guérison ». Comme l'on dit en Provence :

« Celui qui n'a pas recours à la sauge ne se souvient pas de la Vierge[11]. »

Coutumes populaires et superstitions

Dès que l'on parle de la sauge, on la trouve à toutes les sauces. Pour le meilleur et pour le pire !

La sauge, « herbe de la Saint-Jean »

La sauge fait partie de ce que la croyance populaire nomme « herbes de la Saint-Jean », comme l'armoise ou la verveine. On les nomme ainsi parce qu'elles font référence à la « Saint-Jean d'été », qui est la fête du solstice d'été[12], et que c'est la meilleure période pour les récolter.

Ces plantes sont considérées comme solaires car elles aiment la chaleur et la sécheresse. Elles sont dites « positives » parce qu'elles emmagasinent les énergies de la lumière solaire et, de ce fait, portent en elles les vibrations de l'électromagnétisme parfait (feu, air, eau...).

11. Maguelonne Toussaint-Samat, *Légendes et récits du temps de Noël*, Fernand Nathan, Paris, 1977, d'après Joseph Roumanille, écrivain provençal (1818-1891).
12. Il y a deux fêtes de Saint-Jean, une l'hiver et l'autre l'été. La Saint-Jean d'hiver se fête au solstice d'hiver.

Pour les botanistes, aujourd'hui, comme la fleur est l'expression totale de l'être végétal, il est logique que le meilleur moment pour cueillir les parties aériennes de la plante – soit celui qui précède la floraison – soit en général aux alentours du solstice d'été.

Ainsi, on cueillait la sauge soit avant le lever du soleil, pour que la rosée qui s'y était déposée puisse être recueillie et ajoutée aux plantes coupées, les transformant en élixir de longue vie ; soit, pour d'autres, à midi.

Mais, on s'en doute, la cueillette de ces plantes s'accompagnait de rites divers.

Ainsi, il paraissait important de tracer un cercle autour de l'espace à cueillir pour éviter que l'esprit du végétal ne puisse s'échapper, ou encore déposer près de cet espace une offrande : une pièce de monnaie ou des graines de céréales.

Au Pays basque, nous raconte Scott Cunningham[13], la veille du solstice d'été, une bande d'enfants, munis de grosses bottes de sauge sèche, se réunissaient pour allumer les feux de la Saint-Jean. Ils passaient successivement dans tous les champs de la commune et, dans chacun, reproduisaient la cérémonie suivante.

Ils plaçaient sur les bûchers préparés d'avance quelques poignées de sauge, y mettaient le feu. Lorsque les flammes commençaient à s'élever, ils chantaient :

San Juan ! San Juan !
Ez dotnik besterik gogoan
Artuak eta garijak gorde ! gorde !
Sorginak eta lapurrak erre ! erreh !
Ujuju !

Soit :

« Saint Jean ! Saint Jean !
Je n'ai d'espoir qu'en toi.
Nos maïs et nos froments, protège-les ! Protège-les !
Les sorciers et les voleurs, brûle-les ! Brûle-les !
Oh ! Oh ! Oh ! »

En fait, on comprend que la sauge symbolise dans ce rituel la place des « sorciers et des voleurs », la sauge étant considérée comme détenant des pouvoirs de sortilèges et de maléfices. Saint Jean, en faisant ainsi rôtir la sauge représentant les sorciers et les voleurs, protégeait les récoltes.

13. Scott Cunningham, *Encyclopédie des herbes magiques*, éditions Sand, Paris, 1997.

Dans le même esprit, si l'on voulait mettre en garde une jeune fille, on plaçait sur le rebord de sa fenêtre un bouquet de sauge, ce qui signifiait : « Méfie-toi, il va t'arriver malheur. »

Utilisation magique de la sauge

Dès qu'on parle de magie, on utilise des nombres – en particulier les chiffres trois et neuf, le trois au cube – ainsi que des formules magiques.

Ainsi, en Gironde, on évite le mal donné en portant un sachet qui contient **trois feuilles de sauge, trois feuilles de romarin et trois feuilles de laurier béni**.

Dans le Béarn, un vieux recueil conseille pour guérir le cancer de prendre **trois paquets de sauge**, de faire la croix sur le mal en disant : « Cancer maudit, puisses-tu perdre la tête et demain la racine ! »

Pour perdre son lait, une femme doit **sauter trois fois** ou durant trois matins sur la sauge du jardin d'un prêtre[14].

Il est écrit dans l'*Évangile des quenouilles* que « pour guérir les fièvres continues, il faut écrire les trois premiers mots du *Pater noster* sur une feuille de sauge de chez nous et la manger durant trois matinées ; ainsi, on guérira[15]. »

Enfin, on trouve dans une recette de sorcières : « Il y a deux sortes de dartres, les dartres molles et les farineuses. Selon les cas, on place dessus pour les guérir l'envers ou l'endroit d'une feuille de sauge. Ces feuilles jouissent d'une propriété remarquable, c'est que placées d'un côté elles font sécher le mal, placées de l'autre elles le font vider. Il faut connaître le bon côté et c'est le secret de la sorcière[16]. »

Rembert Dodoens écrit : « Agrippa a appelé la sauge *Sacra herba* parce qu'elle est très utile aux femmes enceintes car elle fixe le fruit dans le corps, le fait grandir et le fortifie. Il dit encore que si une femme après s'être tenue éloignée de son mari trois jours durant, boit un pot de jus de sauge et se rapproche alors de son mari, la conception se fera sûrement[17]. »

Superstitions

La sauge et les bêtes « maléfiques »

Pour des raisons inconnues, on mettait la sauge en rapport avec les cimetières, les morts et certaines bêtes venimeuses ou maléfiques.

Ainsi, pour Boccace et d'autres poètes, la sauge a partie liée avec le crapaud, lui-même considéré comme le plus proche suppôt du diable.

---

14. Paul Sébillot, *Le Folklore de France*, éditions Maisonneuve et Larose, 1968.
15. *L'Évangile des quenouilles* in Paul Sébillot, *op. cit*.
16. Bernard Bertrand, *Au pays des Sauges*, éditions de Terran, 2002.
17. La sauge est aujourd'hui déconseillée aux femmes enceintes. Voir les contre-indications à la fin du chapitre 4, page 51.

Dans une des nouvelles de son *Décaméron* (1350-1354), Boccace fait se rencontrer deux jeunes amants, Simone et Pasquino. Ils se retrouvent dans un jardin au pied d'un grand et beau buisson de sauge où ils s'aiment et prennent un bon goûter. Le jeune homme prend une feuille de sauge et se frotte les dents et les gencives avec, en disant que la sauge les lui nettoyait parfaitement de tout ce qui était resté après qu'il avait mangé ; après quoi, il tombe mort. Simone est emmenée devant un juge. Celui-ci, pour comprendre ce qui s'est passé, se rend avec elle dans le jardin où se trouvait le cadavre de son amant gonflé comme un tonneau. Simone raconte l'histoire et, pour mieux se faire comprendre du juge, cueille une feuille de sauge, s'en frotte les dents et meurt à son tour. Le juge, après avoir fait remarquer qu'une sauge n'est jamais nocive, décide de la couper jusqu'aux racines. C'est alors que l'on découvre sous ce buisson de sauge un crapaud prodigieusement gros, dont on vit bien que le venin avait empoisonné la plante. Personne n'ayant envie de s'approcher du crapaud, on fit autour de lui un grand amas de bois sec et on le brûla avec le buisson de sauge.

On retrouvera cette histoire de crapaud se cachant sous un buisson de sauge à plusieurs reprises :

C'est une chose sûre que sous la sauge sont accoutumées
se rassembler quelques bêtes venimeuses qui l'infectent
et l'enveniment de leur haleine.

(*Secrets du seigneur Alexis Piemontois*, 1573)

Ou encore :

Les Italiens plantent la rue auprès de la sauge
pour en chasser les crapauds.

(selon *Garidel*, 1716)

La rue est en effet censée repousser les crapauds.

De plus, les pouvoirs de la sauge sont tels que :

Quand la sauge est putréfiée dans le fumier il s'y engendre un oiseau
qui a la queue serpentine et blanche, desquelles cendres si l'on en met
aux lampes et aux chaleilz
[lampe en cuivre carrée avec un fond ovale qu'on accroche dans les
cheminées], il semblera que toute la maison
soit pleine de serpents.

(Platine, *De l'honnête volupté*, 1548)

La sauge, une plante qui peut porter chance ou malheur

Il fallait la préserver et savoir l'utiliser à bon escient.

La préserver, car « quand le bouquet de sauge dépérit, la maison s'amoindrit ».

Ne pas en donner, car « celui qui donne de la sauge de son jardin fait mourir le chef de famille ».

Elle pouvait porter chance car elle préservait de la foudre et protégeait les moissons. En effet, pour préserver la maison du tonnerre, on conseillait d'y garder de la sauge qu'on avait fait bénir le jour de l'Assomption et, pour préserver les moissons, il fallait mettre de la sauge aux quatre coins du champ.

La sauge, symbole de l'amoureux éconduit

En raison de ses vertus aphrodisiaques, la sauge finit par jouer un rôle symbolique dans les relations amoureuses. Étant donné qu'elle était censée cicatriser les plaies du cœur, on en offrait (ou on en plaçait devant sa porte) à l'amoureux qui s'était laissé prendre sa bonne amie. Mais en fait, c'était surtout pour se moquer de lui, notamment quand il s'agissait d'un riche prétendant qui pensait acheter son mariage… C'est ainsi qu'on « se moqua du pauvre Lambert évincé d'un mariage qu'il projetait et toutes les dames de l'île [l'île Saint-Louis, où l'histoire se passait] lui envoyèrent des bouquets de sauge » (Perron, *Mémoires pour servir à l'histoire du XVIIe siècle*, 1862). On peut penser que ce « pauvre Lambert » garda quant à lui un mauvais souvenir de la sauge.

Quant à ses propriétés abortives, on la trouve exprimée de façon facétieuse au XVIe siècle : « Il savait tous les moyens pour empêcher sa femme de placer sa feuille de sauge où les femmes ont logé leur honneur assez près de Mardi gras[18] ».

Et bien sûr, toujours selon les croyances populaires, la sauge ressuscite les morts, écarte la mort, accorde l'immortalité !

Elle renforce la mémoire et apporte la sagesse.

18. Noël du Fail, *Œuvres facétieuses*, éditions Assézat, 1874.

Aucun propriétaire de jardin n'oubliera en le cultivant d'y planter un pied de sauge.

Sébastien Kneipp

Chapitre 3

Description de la plante et de ses différentes espèces

La sauge, une plante des endroits ensoleillés et secs

À l'état sauvage, elle pousse naturellement dans les endroits rudes et pierreux, ensoleillés et secs. Elle aime les pentes arides, les coteaux stériles, les ruines, les terrains rocailleux. On la trouve ainsi jusqu'à 800 mètres d'altitude, sur les roches calcaires chauves de la côte dalmate, les altitudes désertiques des Balkans, de la Grèce, d'Espagne. C'est une plante d'été.

C'est un arbrisseau

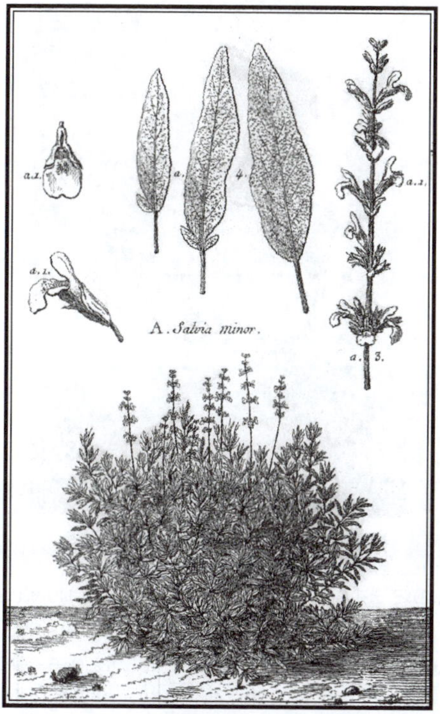

Figure 1

C'est en fait un petit arbrisseau avec un appareil caulinaire ligneux, vigoureux. Elle forme des buissons sur les pentes rocailleuses des pays méditerranéens.

Sur l'image page précédente (fig. 1), on voit l'arbrisseau de la *Salvia minor* (la petite sauge) et les différentes parties de la plante.

C'est une labiée

La sauge appartient à la famille des labiées (aujourd'hui, on dit « lamiacées »), de même que le basilic, le calament, l'hysope, la lavande, la marjolaine, la mélisse, la menthe poivrée, l'origan, le romarin, la sarriette, le serpolet et le thym. Les labiées sont des espèces d'herbes parfumées à tige quadrangulaire, à feuilles opposées et décussées et dont la fleur zygomorphe contient deux ou quatre étamines et un ovaire supère à quatre loges.

Des fleurs en forme de lèvres

On les appelle « labiées » – du latin *labium*, « lèvre » – en raison de la forme des fleurs de cette famille. « Labiée » se dit d'une corolle dont le bord est découpé en deux lobes ressemblant à des lèvres ouvertes.

Figure 2

La lèvre supérieure est grande et courbée en faucille, la lèvre inférieure est divisée en trois. On trouve dans l'intérieur deux étamines entières et deux autres qui sont avortées. Ces étamines sont attachées ensemble, et d'une façon singulière, par un filet fourchu qui sert à distinguer les plantes de ce genre (fig. 2).

Maurice Mességué compare la fleur à un bec :

> *Leurs fleurs étranges sont en forme de bec entrouvert avec une « langue » à deux pointes (en réalité le pistil ancré au milieu de ces jolies corolles)*[19].

Forme de la plante

Figure 3

La sauge forme des touffes très feuillues. Les feuilles sont ovales, relevées en dessous en arêtes assez saillantes et creusées au-dessus de sillons profonds. Elles sont placées deux à deux sur les branches. Elles sont molles et gaufrées. Si on froisse leurs feuilles, il s'en dégage une puissante odeur camphrée.

De sa touffe très feuillue monte une inflorescence avec de grandes fleurs odoriférantes riches en nectar, particulièrement adaptées au corps des abeilles, productrices d'essences abondantes.

On distingue de nombreuses espèces de sauge, qui diffèrent par la forme et la couleur de leurs feuilles. Elles sont rondes dans les unes, dentelées dans les autres ; étroites dans celles-ci, plus larges dans celles-là.

Les semences qui succèdent à la fleur sont arrondies.

Aujourd'hui, on compte des centaines de variétés de sauge – sept cents selon certains, neuf cents pour d'autres. Ces espèces sont réparties dans le bassin méditerranéen, le sud de l'Europe, l'Asie mineure et l'Amérique. Elle a été cultivée dès l'Antiquité.

19. Mességué, *Mon herbier de santé*, Laffont Tchou, Paris, 1975.

Les principales espèces de sauge

Dans les régions tempérées, deux espèces tiennent le haut du pavé car elles sont les plus utiles : ce sont la sauge officinale et la sauge sclarée.

Les principales en Occident

La sauge officinale *(Salvia officinalis)*

On l'appelle aussi sauge domestique, herbe sacrée, thé de Grèce, thé d'Europe.

Cette plante aux multiples propriétés thérapeutiques pousse dans les endroits chauds. Elle est sauvage ou cultivée. On la nomme *officinale* parce qu'elle est utilisée en pharmacie.

On en utilise les feuilles, les fleurs et l'huile essentielle.

C'est une plante robuste. Elle pousse en buissons persistants, très touffus. Ses racines fortes et ligneuses lui permettent de s'adapter à n'importe quel type de terrain. Plantée dans un jardin, elle s'empresse de s'étaler sur plusieurs mètres carrés, poussant les autres plantes voisines. Les tiges, allant de 20 à 30 cm de haut, sont quadrangulaires, très rameuses. La partie inférieure des tiges a l'aspect du bois (cette partie devient ronde comme le tronc ou les branches d'un arbre). L'ensemble de son feuillage, toujours vert et touffu, atteint en moyenne 50 cm de haut. Il est d'apparence duveteuse. Ses feuilles oblongues, de couleur vert blanchâtre, d'aspect cendré, sont disposées face à face.

Cette couleur d'un vert blanchâtre a justement donné son nom à une couleur : le « gris de sauge ».

Les feuilles sont très odorantes. Elles sont souples et évoquent le velours par leurs poils laineux. Elles dégagent une odeur aromatique.

La sauge fleurit en longues grappes violacées. Les fleurs visibles de mai à août sont groupées par trois ou quatre, à la base des feuilles supérieures. Elles forment de grands épis. Elles sont d'un bleu violacé, assez grandes et irrégulières.

Les Grecs comme Dioscoride distinguaient deux sous-espèces de la *Salvia officinalis* : la grande sauge (*Salvia major* ou *agrestis*), que l'on peut voir sur la fig. 4, et la petite sauge (*Salvia minor* ou *nobilis* ou encore *franche*). La grande sauge présente des feuilles plus larges que la petite, mais elles ont les mêmes propriétés.

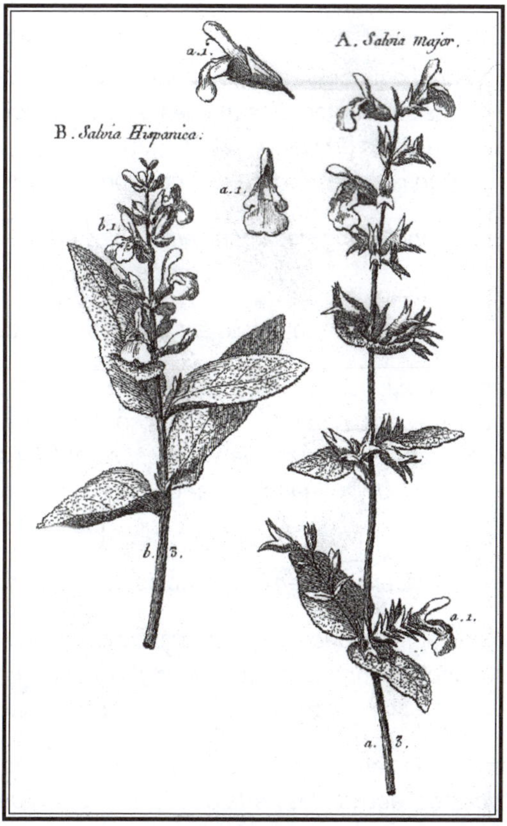

Figure 4

Ces distinctions furent reprises en Occident par Rembert Dodoens[20], au XVIe siècle – époque où l'on traduisait et commentait Dioscoride –, puis par Valmont de Bomare au XVIIIe siècle, et encore par Cazin en 1868 et par Rolland 1896.

De plus, Dodoens distinguait, chez la grande sauge, trois sortes : la verte, la blanche et la rouge. En fait, ses fleurs, qui sont le plus souvent bleues teintées de violet, peuvent être aussi blanches ou roses.

Voici la description de la grande et de la petite sauge par Rembert Dodoens en 1577 :

Il y a deux espèces de sauges, l'une petite et franche et l'autre grande. La grande est des trois sortes : verte, blanche et rouge.

20. Rembert Dodoens (médecin botaniste belge), *Histoire des plantes, en laquelle est contenue la description entière des herbes*, 1557, consultable sur gallica.bnf.fr/ark:/12148/bpt6k534046.

La forme

La sauge franche [la petite sauge] *a plusieurs branches ligneuses et les feuilles assises sur longues queues qui sont longues, étroites, mal unies, grisâtres en blanchissant à côté des quelles y en croît deux autres fort petites comme deux petites oreilles.*

Les fleurs croissent le long des tiges semblables en figure aux fleurs de l'ortie morte[21]*, plus petites toutefois.*

La graine est noirâtre. La racine ligneuse.

La grande sauge ne ressemble pas trop mal à la sauge franche, sinon qu'elle est plus grande : les tiges sont carrées et noirâtres, les feuilles rudes, inégales, blanchâtres, semblables aux feuilles de la franche, beaucoup plus grandes toutefois, plus rudes et sans oreilles.

Les fleurs, semences et racines sont pareilles à l'autre.

Il se trouve une autre espèce de cette grande sauge laquelle produit des feuilles blanches comme neige, aucune fois du tout, aucune fois à demi, laquelle on l'appelle sauge blanche.

Encore il se trouve une tierce espèce de la grande sauge appelée sauge rouge, les tiges de laquelle les nerfs des feuilles et les petites feuilles qui ne font que sortir sont rouges au reste du tout semblable à la grande sauge.

Aujourd'hui, on a abandonné ces distinctions, mais elles sont bien pratiques.

La sauge des prés *(Salvia pratensis)*

On l'appelle aussi herbe de Saint-Jean, grande sauge, ange des prés, sauge sauvage, toute bonne.

On la trouve dans les prairies calcaires et les prairies de fauche.

Elle mesure entre 30 et 80 cm de hauteur. Contrairement à la sauge officinale, ses grandes feuilles ovales et gaufrées, dont la longueur peut dépasser 20 cm, ne sont pas odorantes. C'est sa hampe florale (fig. 5) qui est intéressante : elle est recouverte d'une substance collante qui dégage un parfum légèrement citronné, frais et épicé.

21. Le lamier, dont la feuille est semblable à l'ortie, est aussi appelé « ortie morte ». Il n'est pas urticant et sa fleur est violette.

Figure 5

En cuisine, les sommités fleuries de cette sauge aromatisent et décorent les plats.

Elle fleurit de mai à juillet. Ses grandes fleurs, d'un bleu violacé vif, produisent un abondant nectar que les abeilles utilisent tout l'été.

Elles sont, comme toutes les labiées, formées de cinq pétales soudés et répartis en deux lèvres. La lèvre inférieure élargie forme comme une piste d'atterrissage pour les abeilles et les bourdons. La lèvre supérieure forme comme un casque ; vue de profil, elle a la forme d'une faucille. L'insecte est attiré par le nectar caché au fond de la corolle. Il monte sur la lèvre inférieure et plonge la tête puis le corps dans la fleur qui forme un tube étroit. Quand il descend ainsi dans la fleur, il repousse les deux longues étamines recourbées, montées sur une sorte d'ingénieux balancier. Les étamines basculent, recouvrant ainsi le dos de l'abeille de pollen. En conséquence, l'abeille va, d'une part, rapporter du nectar pour sa ruche – ce nectar servira à faire le miel –, et l'insecte, d'autre part, en allant butiner plus loin déposera à son insu par frottement le pollen sur le stigmate des fleurs, qui seront ainsi fécondées.

La sauge sclarée *(Salvia sclarea)*

Figure 6

Son nom vient du grec *sklèros* qui signifie « dur », « sec » et qui a donné *sklérophtalmia* (« sécheresse de l'œil »), cité par Paul d'Égine au VIIe siècle (voir chapitre 2, sur l'histoire).

C'est celle que l'on appelle *l'orvale* (« qui vaut de l'or ») et encore la « toute bonne ».

Elle est utilisée pour combattre la sécheresse oculaire mais aussi celle des muqueuses. Au temps de Charlemagne, on l'appelait « l'œil clair ». Son feuillage est clair et brillant. Autrefois, on lui attribuait les mêmes propriétés que la sauge officinale. Elle est utilisée en confiserie car elle a un léger goût de muscat. Son essence est utilisée en parfumerie depuis toujours.

Elle est originaire du sud de l'Europe et de l'Asie occidentale où elle pousse spontanément le long des chemins mais elle est cultivée en Allemagne et en Angleterre. Elle a une hauteur allant de 1 mètre à 1,50 mètre. Elle a de larges feuilles le long des tiges pubescentes (avec des poils fins) à la surface rugueuse, poilue et glandulaire dans sa partie supérieure (les poils sont glanduleux car ils contiennent de l'huile essentielle). Les feuilles sont grandes et opposées.

Elle fleurit en juin et en juillet et ses fleurs sont lilas ou bicolores (lilas et blanc) ; la hampe florale est garnie de bractées (petites feuilles à la base de la fleur) roses violacées.

Au XVIe siècle, on écrivait qu'elle servait à retirer les grains de poussière de l'œil. En fait, la sécheresse oculaire donne l'impression que l'on a des corps étrangers dans l'œil, comme des grains de sable, et les larmes les font sortir facilement hors de l'œil.

Elle est très aromatique : on l'utilise en parfumerie, en pharmacie et pour aromatiser vins et liqueurs.

Sauge hormin *(Salvia horminum)*

On l'appelle aussi *Salvia veridis*, *veridis* ayant donné le mot « verdeur », qui évoque la jeunesse, la puissance et la virilité. Elle est aphrodisiaque.

Figure 7

Dans l'ouvrage *Les Figures des plantes et des animaux d'usage en médecine* de M. Geoffroy (1764), à la même époque que Valmont de Bomare, on trouve la description suivante :

On se sert de toute la plante. La racine est ligneuse, brune, fibrée, d'un goût assez agréable un peu fort. La tige s'élève de trois pieds, moelleuse, carrée, velue. Les feuilles sont visqueuses, velues, d'une odeur vive et pénétrante. Les fleurs sont monopétales en gueule, bleuâtres. Il leur succède quatre grosses graines arrondies, roussâtres au fond du calice. Elle fleurit en été. Toute la plante a une odeur forte et un goût amer.

La sauge de Crète

Elle est caractérisée par les petits fruits verts (des mini-pommes), gros comme des cerises, que les tiges portent, d'où son nom de *Salvia pomifera*. Les gens les mangent comme fruits rafraîchissants, même s'ils sont un peu amers.

La sauge d'Éthiopie *(Salvia aethiopis)*

On en trouve dans le sud-est de la France, où elle est protégée. Elle est velue et cotonneuse. Fortement ramifiée, elle fait penser à un grand chandelier avec de nombreuses branches, tout comme celle qui a inspiré la forme de la ménorah et ses sept branches mais, le plus souvent, elle compte onze branches (cinq de chaque côté, plus la tige centrale). Ses fleurs sont blanches. Elle est décrite par Pline dans son histoire naturelle :

L'aethiopis (Salvia aethiopis) a les feuilles semblables à celles du phlomos (XXV, 73) grandes, nombreuses et velues dès la racine ; la tige carrée, raboteuse, ressemblant à celle de la bardane, et offrant de nombreux goussets ; la graine semblable à l'ers, blanche et double ; les racines nombreuses, longues, charnues, mollasses, et d'un goût visqueux ; sèches, elles noircissent, et deviennent si dures qu'on les prendrait pour des cornes. Outre l'Éthiopie, cette plante croît sur le mont Ida de la Troade et en Messénie. On récolte la racine en automne, et on la fait sécher au soleil pendant quelques jours, pour qu'elle ne se moisisse pas. On l'administre en boisson dans du vin blanc, pour les affections de la matrice ; en décoction, pour la coxalgie, la pleurésie et les maux de gorge. Mais celle qui vient d'Éthiopie est la meilleure et soulage immédiatement.

C'est donc celle qui donna son caractère divin au lait de la chèvre Amalthée.

Les sauges amérindiennes

La sauge blanche *(Salvia apiana)*

Elle provient d'Amérique du Nord. Elle est l'une des plus importantes parmi les herbes sacrées utilisées par les Amérindiens.

Comme les autres espèces de sauge, elle se présente sous la forme d'un arbrisseau. Elle pousse à l'état sauvage dans les déserts du sud-ouest américain, Elle est originaire de la partie sud de la Californie qui se trouve au Mexique. Elle aime les endroits secs et chauds. Plante vigoureuse, elle se présente généralement sous la forme d'un petit buisson d'un mètre de côté sur un mètre de haut mais qui peut atteindre jusqu'à deux mètres en hauteur et en largeur. Elle résiste au froid jusqu'à -16 °C, mais elle très sensible aux excès d'humidité. En fait, le climat méditerranéen est celui qui lui convient.

Ses feuilles sont persistantes. Leur couleur gris argenté est due au duvet blanchâtre dont elles sont recouvertes et qui, sous la lumière, paraît blanc (mais il ne faut pas la confondre avec la *Salvia officinalis*, la « grande sauge blanche » nommée ainsi par Dodoens). Elles sont très aromatiques.

Les fleurs sont disposées sur de fines tiges montant largement au-dessus des feuilles. Ces petites fleurs, de couleur blanc mauve, présentent des étamines saillantes qui font penser à des antennes d'insecte. Elles sont comestibles.

Les graines peuvent être moulues en farine pour faire de la bouillie.

On peut la cultiver en l'exposant au soleil dans un sol bien drainé. On la plante de mai à août et elle fleurit d'avril à juin. Son entretien est facile : il suffit d'enlever le bois mort au fur et à mesure de sa croissance.

Les Amérindiens l'utilisent en encens et pour toutes sortes de cérémonies.

INFO ! Aujourd'hui, la sauge amérindienne est la plante par excellence du chamanisme en Occident.

La sauge des devins *(Salvia divinorum)*

La sauge des devins ou sauge divinatoire est une plante vivace semi-tropicale. Elle est originaire du Mexique, au nord de l'État d'Oaxaca, dans les forêts tropicales, et on la trouve à une altitude de 300 à 800 mètres, le long des ruisseaux et des rivières, dans un environnement moite peu exposé à la lumière. Elle est utilisée par les Mazatèques, qui la nomment *Ska Maria pastora*. Ils l'utilisent lors de leurs rites de divination ou de curation. Elle est considérée comme « enthéogène[22] ».

22. Enthéogène, du grec *enthéos*, « inspiré par le divin » et *génesthai*, « qui vient à l'être ». Une substance enthéogène est une substance psychotrope induisant un état modifié de conscience utilisé à des fins religieuses, spirituelles ou chamaniques.

Il n'y a pas longtemps qu'elle est connue des Occidentaux. Ils l'ont découverte grâce au botaniste Gordon Wasson qui en rapporta un plant dans les années 1960. Certains pensent qu'il s'agit de la plante que les Aztèques appelaient *Pipilzinzintli*, « le petit prince le plus pur », et qui avait été décrite au XVIIe siècle.

Comme la *Salvia officinalis*, elle a de grandes feuilles vertes, ovales et légèrement dentelées, avec des nervures argentées sur le dessus et des tiges carrées. Ses fleurs sont blanches, poilues, sortant d'un calice pourpre bleuté et surmontées d'un stigmate blanc. Toutefois, elles se développent rarement et produisent tout aussi rarement des graines fertiles. Cette sauge se multiplie essentiellement par bouturage ou marcottage.

INFO ! Sous nos climats, on peut cultiver la sauge des devins en intérieur.

Les sauges ornementales

La sauge éclatante ou splendide *(Salvis splendens)*

Ses fleurs tubulaires sont d'un beau rouge flamboyant. C'est uniquement une plante d'ornement qui nous vient d'Amérique du Sud, notamment du Brésil. Elle fleurit de juin aux gelées et il s'agit de la plus populaire. À l'origine, elle mesure de 50 à 90 cm, mais aujourd'hui, on en fait pousser de plus petites pour la cultiver en jardinières ; de plus, d'autres couleurs existent actuellement.

La sauge ananas *(Salvia elegans)*

Comme la précédente, elle vient d'Amérique, notamment du Mexique et du Guatemala. C'est une large touffe mesurant de 1 mètre à 1,50 mètre de hauteur. Elle a de très belles fleurs tubulaires d'un rouge intense. Elle est vivace et fleurit très longtemps, jusqu'en hiver, voire jusqu'aux gelées. Ses feuilles, lorsqu'on les froisse, dégagent une odeur d'ananas. On peut l'utiliser en cuisine pour parfumer les crudités, les salades vertes ou les salades de fruits.

La sauge verveine *(Salvia verbenaca)*

Ses feuilles ressemblent à celles de la verveine officinale.

La sauge gluante *(Salvia glutinosa)*

Elle est poisseuse et aromatique. Elle pousse en altitude, dans les sous-bois notamment, et ses fleurs en épis sont jaunes. Il faut la mettre à moitié à l'ombre. En Savoie, autrefois, on en fumait les feuilles.

Cueillette et culture de la sauge

La cueillette sauvage de la sauge

La majorité de l'approvisionnement mondial de la sauge ne provient pas des jardins mais de la sauge sauvage, qui pousse dans la nature dans les endroits chauds, secs et pierreux, comme dans les montagnes de Croatie, du Monténégro et d'Albanie. Elle fait partie à l'origine de la flore méditerranéenne. On récolte les feuilles en été mais il est possible de le faire également au milieu de l'automne.

La culture de la sauge

C'est une plante vivace. On la sème ou on la plante au printemps, en Lune descendante[23] et en « jours fleurs[24] », si on souhaite profiter des influences célestes sur les cultures.

Après un an de culture, on rabat la sauge de moitié au début du printemps, afin d'éviter qu'elle prenne trop d'ampleur. De plus, les plants doivent être renouvelés tous les trois ou quatre ans, sinon ils s'appauvrissent et deviennent ligneux.

Il faut la placer au sud, au soleil. On la multiplie par bouturage : on prélève sur la plante mère généralement un rameau mais on peut prendre une racine et on la plante. Elle se développe très facilement et a tendance à occuper plus que son territoire, d'autant qu'elle se marcotte[25] spontanément.

N'oublions pas que les plantes évoluent d'elles-mêmes et occupent l'espace comme ça leur chante. Les plantes plus faibles leur cèdent la place. Toutefois, pour favoriser le développement des feuilles de la sauge, il est conseillé de pratiquer un écimage[26]. La sauge se prête à la culture en pots. On peut donc en avoir sur une terrasse ou sur son balcon, ou encore sur le rebord d'une fenêtre et même un coin de cuisine, à condition qu'il y ait du soleil. Il ne faut pas trop l'arroser car elle craint l'humidité ; elle peut alors être envahie par l'oïdium.

Naturellement, inutile de dire qu'**il ne faut surtout pas utiliser de pesticides**.

Si les coccinelles se font rares et que le jardin est envahi par les pucerons, il suffit d'acheter des larves de ces petites « bêtes à bon Dieu ».

23. Ne pas confondre Lune descendante avec Lune décroissante : la Lune est descendante de 0° Cancer à 0° du Capricorne tropique.
24. Les « jours fleur » sont regroupés quand la Lune est dans les constellations – et non dans les signes saisonniers – de Feu, Bélier, Lion et Sagittaire.
25. Enracinement spontané d'une branche reposant sur le sol créant ainsi une nouvelle plante autonome.
26. Couper les sommités.

La récolte

La récolte s'effectue par une journée sèche sans trop de vent, de préférence tôt le matin lorsque les températures ne sont pas trop élevées et les végétaux couverts de rosée pour qu'elle puisse être recueillie en même temps.

On cueille les pointes fleuries de mai à juillet. Elles ont des propriétés aromatiques digestives. Toutefois, il est préférable de faire la récolte des fleurs au début de la floraison car ce sont les premières fleurs qui sont les plus riches en principes actifs.

On cueille les feuilles de préférence l'après-midi, lorsque le végétal a déjà accumulé dans ses organes aériens une forte quantité des produits qu'il synthétise ou assimile.

De plus, si l'on en croit Hildegarde de Bingen, il est préférable de couper la plante – comme pour les autres herbes médicinales, d'ailleurs – quand la Lune croît (soit entre le premier croissant et la pleine lune).

De cette manière, elles « seront meilleures dans une perspective médicale pour fabriquer les électuaires[27] et les onguents. La Lune croissante en effet est synonyme de plénitude de sang et de suc. »

Si on souhaite utiliser les feuilles fraîches, on les cueille à la main tout au long du cycle végétatif en fonction des besoins, en prenant soin de ne pas abîmer les rameaux. On cueille les feuilles les plus situées à l'extérieur. La sauge garde ses feuilles pratiquement tout l'hiver sauf dans le nord ou en cas de fortes gelées. Elle résiste au froid jusqu'à -8 °C/-10 °C.

En hiver, il est conseillé de pailler la souche : placer de la paille, des écorces ou des feuilles au pied de la plante.

Quand on souhaite récolter la plante entière, il ne faut ni l'arracher ni abîmer les racines. On coupe les tiges avec un sécateur en laissant au pied un tronçon contenant des feuilles. Ainsi, la plante pourra repousser.

On évite, lors d'une récolte abondante, de tasser les fleurs et les feuilles les unes contre les autres ou de les comprimer dans un récipient. On les maintient donc lâches et aérées.

Le séchage

On ne doit pas les faire sécher au soleil car cela leur ferait perdre leurs éléments volatils et donc toute leur efficacité. De plus, elles seraient toutes desséchées en apparence.

On peut les faire sécher sur des claies, pour les fleurs et les feuilles seules.

Si on veut faire sécher les feuilles seules, on les cueille en automne après la floraison.

27. Broyat de plantes à ingérer en opposition aux onguents, qui s'étalent sur la peau.

Sinon, après avoir coupé les tiges avec un sécateur, on les suspend en petits bouquets par les tiges. Une fois tout à fait sèches, on les conserve dans des pots ou des boîtes hermétiques. Toutefois, on ne les garde pas plus de deux ans.

Le mieux est de les renouveler chaque année.

Après séchage, le poids de la plante est d'environ un cinquième du poids frais.

En général, on en fait des préparations diverses sans trop attendre (voir au chapitre suivant).

La sauge et les insectes

La sauge étant une plante à nectar, elle attire les insectes pollinisateurs, les papillons, les abeilles et les oiseaux pollinisateurs (comme les colibris). Il est donc avantageux d'avoir de la sauge dans son jardin. Au Canada, on crée des couloirs de nectar en répartissant les plantes à nectar du nord au sud du pays sur des milliers de kilomètres afin de maintenir le nombre d'insectes pollinisateurs en péril à cause des pesticides. Un tout petit espace suffit pour participer à ce couloir. C'est pourquoi, dans certaines régions de ce pays, cette pratique est encouragée par les autorités municipales.

Je la conseille à tous les surmenés, aux anémiques, aux convalescents, aux hypernerveux, aux neurasthéniques et aux déprimés.

Mességué

Chapitre 4

Les propriétés et les principes actifs de la sauge

La sauge a été considérée dans le passé comme la panacée. Il est donc naturel que la science moderne ait voulu en connaître la composition chimique.

Les spécialistes de la pharmacologie ont établi que la *Salvia officinalis* possède des molécules actives qui justifient en grande partie les propriétés bienfaisantes que lui ont attribuées les anciens.

Certes, elle ne donne pas l'immortalité et elle ne ressuscite pas les morts, mais, comme on le verra au chapitre suivant avec un témoignage de Marie-Antoinette Mulot concernant un nouveau-né à l'article de la mort, parfois, elle s'en approche.

Les chercheurs sont allés chercher les secrets enfouis dans les tiges, les fleurs et les feuilles de cette plante magique.

Ils lui ont découvert de nombreux principes actifs qui permettent d'expliquer ses vertus thérapeutiques, ainsi qu'une huile essentielle. Les principes actifs sont en si grand nombre que les recherches sont toujours en cours…

Propriétés antioxydantes

La sauge contient des principes actifs – principalement des flavonoïdes et des acides phénols comme l'acide carnosique et l'acide rosmarinique – qui sont réputés pour leurs vertus antioxydantes.

Cette propriété antioxydante de la sauge est fondamentale. Les antioxydants, on le sait – les médias en ont beaucoup parlé –, sont à la mode : **ils ralentissent le vieillissement**.

Ils participent à la bonne santé des artères, ils préservent le cœur et ses vaisseaux, réduisant les risques coronaires (infarctus) ou d'AVC (accident vasculaire cérébral). Ils diminuent la perméabilité des vaisseaux sanguins, renforçant ainsi leur résistance. Ils sont anti-inflammatoires, antiallergiques. Ils sont également diurétiques.

INFO ! La sauge contient des antioxydants qui permettent de conserver la verte jeunesse : ils luttent contre l'altération des fibres du collagène et, par conséquent, ralentissent le vieillissement en permettant le maintien du tonus musculaire de la peau.

Ils interviennent dans le processus d'angiogenèse (fabrication par l'organisme de nouveaux vaisseaux sanguins), bien utiles pour la cicatrisation de plaies ou pour compenser les artères abîmées dans les cas d'artérite.

Propriétés antidiabétiques

La consommation de sauge réduirait le taux de glucose dans le sang chez les humains souffrant de diabète.

Propriétés tonifiantes

La sauge stimule les glandes surrénales. Elle est utilisée pour lutter contre les surmenages physiques et intellectuels. Elle améliore les fonctions cognitives en stimulant la transmission de l'influx nerveux. C'est pourquoi on l'utilise pour aider les sujets atteints de la maladie d'Alzheimer.

Elle exerce une action positive sur la concentration et lutte contre la déprime. Mességué cite le cas d'une femme atteinte de dépression grave qui a recouvré tout son tonus en quelques semaines après une cure intensive de sauge qu'il lui avait recommandée.

Action sur le cuir chevelu

L'huile essentielle de sauge sclarée est reconnue pour tonifier le cuir chevelu, favoriser la pousse des cheveux et réduire les pellicules.

Propriétés digestives

La sauge est également une plante cholérétique[28]. Autrement dit, non seulement la sauge stimule la sécrétion de la bile du foie, mais aussi son évacuation. C'est pourquoi elle est recommandée dans les cas de constipation ou de flatulences. Elle facilite la digestion gastrique. Elle soigne les inflammations de l'œsophage et de l'ensemble du système digestif (estomac et intestin). Elle est également à recommander après la consommation d'aliments riches en graisse ou de charcuterie.

Une plante pour les femmes

La sauge contient des molécules appelées *flavonoïdes œstrogènes* (parce que ces flavonoïdes contiennent des œstrogènes semblables à la folliculine, une

28. Cholérétique : du grec *kholê*, « la bile ». *Kholê* a donné le mot « cholédoque », le canal cholédoque étant celui qui conduit la bile de la vésicule biliaire au duodénum. Il a donné aussi le mot « cholestérol », matière grasse que l'on trouve dans la bile et dans le sang.

hormone ovarienne). De ce fait, son action est particulièrement bénéfique pour les femmes.

Ces œstrogènes aident les os à se régénérer, ils agissent donc contre l'ostéoporose. Ils conservent également la souplesse de la peau, ainsi que sa fermeté et son élasticité. Ils ont une action protectrice sur le système urogénital. Ils favorisent la conservation des glandes mammaires et des caractères sexuels secondaires de la femme. Ils ont une action tonique sur l'utérus. Par conséquent, la sauge est conseillée après un accouchement, favorisant un rétablissement rapide. Elle fait réapparaître les règles, en calme les douleurs et régularise le cycle menstruel. Elle favorise aussi la conception. Enfin, elle facilite le passage de la ménopause, atténuant, et parfois faisant même disparaître les vertiges et les bouffées de chaleur.

INFO ! Attention ! Ne pas prendre de sauge en cas de cancer hormonodépendant, comme celui du sein ou de l'utérus.

Pouvoir cicatrisant et apaisant

On en a eu un exemple avec l'eau d'arquebuse élaborée du temps de François Ier[29]. En effet, la sauge désinfecte les plaies et aide à la cicatrisation. On peut l'appliquer localement sur les aphtes et les ulcérations de la bouche et des gencives. Il était d'ailleurs autrefois recommandé de s'en frotter régulièrement les dents et les gencives pour garder des dents saines et éviter leur déchaussement. C'est ainsi que le jeune héros de Boccace se nettoie les dents après avoir mangé[30].

En outre, la sauge fait baisser la fièvre.

Ses qualités astringentes

Grâce à ses tanins, présents dans ses feuilles, on peut utiliser la sauge contre les hémorragies, les saignements, les pertes sanguines anormales des femmes, ainsi que la toux et l'asthme.

Contre-indications, effets indésirables

L'huile essentielle de sauge officinale contient de la thuyone, qui est une substance abortive et neurotoxique.

INFO ! Les femmes enceintes et les épileptiques doivent éviter l'huile essentielle de sauge officinale.

29. Voir p. 18.
30. Voir p. 29.

Celui, qui veut vivre à jamais, doit manger de la sauge en mai.

Dicton médiéval

Chapitre 5

Les préparations de la sauge

Il existe de nombreuses préparations de la sauge en fonction de l'usage que l'on veut en faire. On la prépare en infusion, en décoction, en eau florale, en huile essentielle, en vin, en vinaigre. On l'utilise en usage interne ou externe.

La tradition veut qu'un chaman prépare lui-même ses médecines. Cela lui permet de les dynamiser avec des rituels appropriés à tous les stades de leur élaboration. D'ailleurs, dans l'idéal, il ne devrait utiliser que des plantes qu'il a lui-même cueillies dans la nature ou, à défaut, cultivées. Malheureusement, en Europe occidentale, l'usage général des pesticides et des insecticides amène à préférer les plantes cultivées.

Attention : Les préparations naturelles et traditionnelles que nous donnons ci-après ne sont pas analIergiques. Si vous les utilisez sur des tiers, il faut les en prévenir, sinon vous pourriez être tenu pour responsable d'une crise d'allergie.

INFO ! Avec les patients allergiques, n'utilisez que des produits achetés tout prêts dans le commerce.

Astuces

Mâchonner

Comme le font les gens du Midi, on peut mâchonner quelques feuilles de sauge, fraîches ou séchées, notamment avant d'attaquer un copieux festin, pour bien le digérer, ou encore lors d'un coup de fatigue.

Sur les dents

Deux feuilles de sauge écrasées, passées sur les gencives et les dents, parfument l'haleine et font un sourire éblouissant.

Les préparations aqueuses

Les tisanes

Elles regroupent les infusions et les décoctions.

Les infusions ou thés

C'est ce qu'il y a de plus simple. Il suffit de laisser tremper (infuser) la plante ou les parties de la plante que l'on veut utiliser dans de l'eau bouillante, exactement comme pour faire du thé.

On compte généralement une cuillerée à soupe de sauge pour un quart de litre d'eau bouillante (ou pour d'autres, 10 grammes pour un litre d'eau) ou quelques feuilles de sauge fraîche ou séchée dans une théière. Pensez à couvrir le récipient pendant que ça infuse, durant neuf ou treize minutes. On peut ajouter une cuillerée de miel.

Marie-Antoinette Mulot[31] (1919-1999), un peu oubliée aujourd'hui, est la dernière herboriste de France – diplômée en 1941 –, puisque de nos jours cette spécialité a été bannie du pays. Elle préconise d'en prendre une tasse après chaque repas. La sauge stimule ainsi les fonctions du foie et, par son action hypoglycémiante, elle est utile aux diabétiques. La spécialiste ajoute que l'on peut aussi faire infuser cinq minutes de la sauge dans du lait : une telle infusion **fait avorter un rhume à son début**.

Mais surtout, Mme Mulot témoigne d'un véritable miracle dû à la sauge :

> *Chez nous, en Camargue, il y a un vieux dicton que je vous livre : Celui qui a de la sauge en son jardin, n'a pas besoin de médecin. Quand un nouveau-né est au plus mal, que le médecin a usé de tout son pouvoir, de toute sa compétence, que son entourage sait qu'il va « **passer** », on fait une forte infusion de sauge et toutes les cinq minutes l'aïeule ou l'aïeul lui en met une cuillerée à café dans la bouche… et je ne crains pas de vous l'affirmer, car je l'ai vu, ce que d'aucuns peuvent appeler (…) le miracle (…) l'enfant recouvrer la santé…*

Ainsi, ce nouveau-né « **sur le point de passer** », abandonné par la médecine, a pu être sauvé grâce à « **une forte infusion de sauge** » donnée par cuillerées à café toutes les cinq minutes.

Bains aromatiques

Les bains aromatiques sont des bains chauds dans lesquels on ajoute une infusion de plantes aromatiques.

M.-A. Mulot donne la recette suivante :

> *Deux poignées de sauge pour un litre d'eau. Faire bouillir cinq minutes, passer, filtrer, ajouter à l'eau du bain. Cette lotion concentrée soulagera les douleurs rhumatismales.* ***Notons que l'on peut également mettre un bouquet de sauge dans la baignoire, mais de préférence le matin en raison des propriétés stimulantes de la sauge, sauf si l'on souhaite utiliser ses propriétés aphrodisiaques.***

31. Marie-Antoinette Mulot, *Secrets d'une herboriste*, éditions du Dauphin, Paris, 1998.

Les décoctions

Le procédé est également à la portée de tous. On place les parties de la plante dans de l'eau froide dans un récipient allant au feu et on porte le tout à ébullition. On laisse bouillir plusieurs minutes. Laissez ainsi bouillir dix minutes une poignée de sauge fraîche (environ 100 grammes) ou 20 grammes de feuilles sèches dans un litre d'eau.

En usage externe, Mességué[32], le célèbre « pape des plantes » (né en 1921), considéré comme l'un des précurseurs en Europe de la phytothérapie, préconise lui aussi l'usage de la sauge. Il n'est pas herboriste mais, comme un chaman, il a hérité par transmission orale du savoir de son père, paysan du Gers. De plus, il a lutté sans cesse contre les méfaits de la pollution liée aux produits phytosanitaires, aux hormones et aux antibiotiques dans les élevages[33]. Comme un chaman, il prône le respect de la nature.

Il conseille une décoction de feuilles et de fleurs de sauge (une poignée et demie dans un litre d'eau) pour nettoyer les plaies. Cette décoction est en effet un excellent désinfectant. C'est pourquoi il la conseille également pour les bains de pieds et de mains.

On peut utiliser la décoction de sauge en gargarismes contre les inflammations buccales (gingivites, stomatites, aphtes). On peut en imprégner des compresses pour lutter contre les affections de la peau et du cuir chevelu, les dartres, les ulcères purulents, les croûtes.

En usage interne, la décoction de feuilles et de fleurs de sauge est utilisée pour fortifier les nerfs, ramollir et dissiper les tumeurs.

Dioscoride recommandait la décoction des feuilles et des branches de la *Salvia officinalis* en boisson comme diurétique, emménagogue et abortif. Elle est efficace pour nettoyer les intestins en cas de dysenterie.

Les préparations alcooliques

Les teintures

La teinture officinale est une macération à froid des plantes sèches dans de l'alcool.

Faire macérer des plantes, c'est les faire tremper dans de l'eau, de l'huile, de l'alcool ou du vin pendant un certain temps : plusieurs jours, plusieurs semaines, parfois plus d'un mois. En fait, on les laisse séjourner dans le liquide jusqu'à dissolution de ses parties solubles. Le liquide est ainsi chargé des principes solubles de la plante.

32. Maurice Mességué, *C'est la nature qui a raison*, éditions Robert Laffont, Paris, 1972 et *Mon herbier de santé*, *op.cit.*
33. Maurice Mességué en parle dans *Votre poison quotidien* et *Vous creusez votre tombe avec vos dents*.

Ainsi, pour obtenir une teinture de sauge, on fait macérer pendant deux semaines une poignée de feuilles de sauge dans un quart de litre d'alcool à 90°. Ensuite, on passe, on exprime et on filtre.

On peut l'utiliser en interne, en prenant une demi-cuillère à café ou une cuillère à café de cette teinture dans un verre d'eau sucrée.

En externe, la teinture est utilisée contre les douleurs, en frictions pour accélérer la circulation du sang. L'eau d'arquebusade (voir chapitre 1, p. 18) est une teinture.

Les vins

Dans l'Antiquité, les vins aromatiques étaient utilisés en médecine. **Ils étaient préparés par macération ou fermentation de plantes fraîches**. On appelait un tel vin *vinum salvatium* déjà du temps des Romains.

La médecine médiévale considérait les vins comme l'un des principaux breuvages curatifs, préférant les vins blancs. On faisait dissoudre les plantes par dissolution ou macération à froid. Au XVIe siècle, on appelait le vin de sauge « vin saugé ».

Il existe de nombreuses recettes de vin de sauge.

Dans un vin liquoreux pour les convalescents : 40 grammes de sauge pour un litre de vin liquoreux, que l'on laisse infuser (ou macérer, les deux mots sont synonymes dans ce contexte) durant une semaine. Un tel vin était conseillé pour stimuler les convalescents et les tuberculeux, à raison d'une à deux cuillerées par repas.

Dans le même ordre d'idées, Mességué donne une recette reconstituante et fortifiante :

Sur deux poignées de sauge, verser un litre de vin rouge bouillant. Laisser infuser un quart d'heure, passer et sucrer à volonté, puis en prendre un petit verre aux repas et un autre au coucher.

Dans du porto, la sauge offre un apéritif aphrodisiaque. Voici la recette du chef Robert Villon :

Prendre 80 g de sauge séchée et verser dessus 1 litre de porto bouillant. Laisser mûrir pendant 10 jours. Filtrer et mettre en flacon. Réserver au frais[34].

34. Robert Villon, *La Cuisine amoureuse et magique*, éditions Philippe Lebaud, Paris, 1987.

Une recette de M.-A. Mulot qui peut être consommée par les diabétiques :

Ébouillanter 80 g de plante séchée dans un litre de vin blanc ou rouge ou, mieux, avec du vin doux (muscat de Frontignan-Banyuls). Laisser refroidir, garder trois jours et filtrer. On peut l'utiliser comme tonique, antiseptique intestinal et aphrodisiaque. Les diabétiques peuvent en consommer 4 verres par jour en guise de boisson, à condition d'en fabriquer avec du vin non sucré.

Une recette du Moyen Âge, le claré à la sauge :

Ce vin peut faire office d'apéritif en le buvant frais mais on peut aussi bien le boire pendant le repas. Il faut une bouteille de vin blanc genre bourgogne aligoté, une bonne poignée de feuilles de sauge séchées, 100 g de miel d'acacia ou de toutes fleurs. On verse le tout dans un saladier après avoir broyé les feuilles de sauge. On mélange, on recouvre et on laisse infuser toute une nuit en remuant de temps à autre. Le lendemain, on filtre et on goûte de façon à ajouter du miel si le résultat est trop acide.

Enfin, Mességué donne une recette pour utilisation externe :

Pour soigner les plaies, laisser macérer une poignée de sauge dans un quart de litre de vin pendant 3 jours.

En liqueur

On peut préparer une excellente liqueur de sauge d'un beau vert émeraude, parfumée et riche en vertus médicinales.

Liqueur de sauge

Pour 75 cl de liqueur :
- 50 grosses feuilles de sauge fraîche
- 0,75 cl d'alcool pour fruits (45°) ou de gnôle de pays (alcool de raisin)
- 20 cl d'eau
- 300 g de sucre

À la place de l'eau et du sucre, on peut utiliser 10 cl de miel d'acacia ou de sirop de canne.

Rincer les feuilles à l'eau claire, les essuyer avec un torchon propre ou du papier alimentaire. Les placer dans le fond du bocal.

Verser l'alcool par-dessus. Laisser macérer 6 mois. Filtrer avec expression. Faire un sirop avec l'eau et le sucre et l'ajouter au filtrat, ou ajouter le miel/ le sirop de canne.

Mélanger le tout avec soin (le mélange est plus délicat avec le miel), mettre dans des bouteilles de verre sombre (sinon la liqueur risque de perdre sa belle couleur verte).

On peut en prendre une cuillerée à café par jour.

En externe, on peut utiliser le macérât non sucré en frictions sur les points douloureux.

Les eaux de toilette

Mettre une poignée de sauge dans un litre d'eau de Cologne. Attendre deux mois. Cette eau de toilette adoucit et éclaircit la peau.

Autres formes

En masque de beauté

Mélangée dans un cataplasme d'argile verte, la feuille de sauge fraîche hachée est souveraine pour les peaux grasses et acnéiques. On peut également malaxer l'argile sèche en la mouillant avec de la décoction de feuilles de sauge.

Le suc (ou la sève)

On coupe les parties fraîches de la plante dont on veut extraire les sucs.

En ce qui concerne la *Salvia officinalis*, on coupe les feuilles fraîches, on les pile de façon à les réduire en bouillie et on les passe avec expression à travers un linge fin. Les sucs se conservent mal et il faut les renouveler constamment. On en trouve sur le marché en flacons fermés de 200 ml, ils se gardent alors assez longtemps. Une fois ouverts, ils ne se conservent pas plus de quinze jours, même au réfrigérateur. On le prend soit pur soit dans de l'eau ou de la tisane. Il adoucit la gorge (en gargarismes) et soulage la toux. Il aide aussi à lutter contre la fatigue.

Les préparations grasses

Les baumes

Les baumes sont utilisés pour appliquer les effets bénéfiques de la plante sur la peau. Ce sont des onguents qui contiennent des composants aromatiques et volatils. **On les fabrique avec un macérât huileux et de la cire d'abeille.**

Les onguents (et donc les baumes) sont donc de nature grasse. Ils pourront recouvrir la peau pour la protéger et lui délivrer les propriétés de la plante **en surface** (ils ne pénètrent pas dans la peau).

Le macérât huileux

C'est une macération de la plante dans l'huile dont la base est de préférence végétale, comme l'huile d'olive bio.

Il s'agit d'extraire les propriétés liposolubles de la plante en l'infusant dans une huile. L'huile est donc le solvant qui devient le support d'une partie des propriétés actives de la plante. En effet, on n'extrait pas les mêmes principes selon le solvant utilisé. Certains ne sont pas liposolubles mais hydrosolubles.

La macération peut se faire à chaud (cela va plus vite) ou à froid (c'est préférable car elle préserve mieux les principes actifs de la plante, mais c'est plus long).

Méthode : On place les feuilles de sauge séchées ou fraîchement cueillies dans un bocal de verre stérilisé sans tasser. On recouvre complètement avec l'huile d'olive. On ferme le bocal et on le met à l'abri de la lumière dans un placard. La période de macération dure de 4 à 6 semaines et on secoue doucement le pot quelques secondes tous les jours.

Ensuite, on filtre à l'aide d'un entonnoir et d'un filtre en appuyant sur les plantes pour extraire le macérât en pressant sur les feuilles avec un ustensile stérilisé.

Ce macérât va servir de base à l'onguent que l'on va obtenir en ajoutant la cire d'abeille.

Les apothicaires plaçaient ensuite le flacon ouvert au bain-marie pendant de longues heures, pour faire évaporer l'eau que les feuilles avaient libérée dans l'huile en macérant.

La cire d'abeilles

Il est conseillé d'acheter la cire d'abeille chez des petits producteurs connus afin de ne pas se retrouver avec de la cire contenant de nombreux polluants. On l'achète en plaques fines ou en granules. Couper la cire en petits morceaux.

Placer le macérât huileux et la cire d'abeille dans un récipient de verre au bain-marie (environ 12 g de cire pour 100 ml de macérât huileux). Chauffer doucement et remuer régulièrement avec une cuillère en inox, jusqu'à ce que la cire soit entièrement fondue.

Verser la préparation encore chaude et liquide dans des petits pots que l'on stockera au frais, au sec et à l'abri de la lumière. Ainsi, on pourra les conserver deux à trois ans.

Le baume de sauge officinale est cicatrisant, antifongique. Il aide à lutter contre la cellulite.

Naturellement, on peut ajouter d'autres herbes à la sauge, lors de la fabrication du baume. C'est ainsi qu'au XVIIe siècle, le baume du père Tranquille fit fureur dans la haute société française.

Le baume du père Tranquille

Le père Tranquille est le surnom d'un capucin du XVIIe siècle protégé du prince de Condé. Madame de Sévigné disait de ce baume qu'il était un remède infaillible et qu'il soignait de nombreux maux, comme les douleurs rhumatismales ou les hémorroïdes. Elle écrivait ainsi à sa fille :

Ils (les capucins) vous prient de vous en frotter le côté, c'est-à-dire dix ou douze gouttes avec autant d'esprit d'urine[35] ; il faut que cela soit chaud et qu'il pénètre et s'insinue dans le mal : ils prétendent que cela est divin comme pour le grand mal de gorge.

Ce fameux baume était composé de plantes infusées dans de l'huile d'olive ; parmi ces plantes, on trouve le pavot, la jusquiame, la belladone, le romarin, le thym, la sauge. On s'arrachait ce baume à tel point qu'il était difficile de se le procurer.

Les crèmes

Alors que les onguents ou les baumes sont uniquement gras et ne pénètrent pas la peau, la crème elle est à la fois grasse et humide car c'est une « émulsion entre un macérât huileux et une base aqueuse, le tout stabilisé par de la cire d'abeille » (on trouve dans le commerce des produits appelés « base neutre » auxquelles on peut ajouter des essences ou des sucs de plantes). Elle peut donc pénétrer la peau pour la protéger et la nourrir, mais elle est moins stable car les bactéries peuvent s'y développer alors qu'elles ne le peuvent pas dans un environnement 100 % gras.

Les huiles essentielles

Dans les labiées comme la sauge, l'odeur réside dans le calice de la fleur et dans les feuilles et ces deux parties fournissent autant d'huile essentielle dans la distillation.

On obtient ces « huiles essentielles » par divers procédés dont la distillation, qui est une technique très ancienne mais qui ne fut utilisée pour tirer les huiles essentielles des plantes aromatiques qu'à partir du XIVe siècle. Outre la distillation, on les obtient par pression, par séparation à la chaleur ou par incision du végétal.

Selon Jean Valnet, le père de l'aromathérapie, « l'huile essentielle est la partie atomique de la plante et le concentré de ses propriétés[36] ». Une goutte d'huile essentielle contient en moyenne 150 molécules différentes. Une seule huile essentielle peut donc avoir de nombreuses vertus thérapeutiques.

L'huile essentielle de sauge peut être dangereuse tout comme celle de l'hysope et de l'absinthe. C'est pourquoi, comme ces dernières, elle est placée sous le monopole pharmaceutique. En effet, un homme ayant ingéré par erreur deux cuillerées à café d'essence de sauge est décédé après avoir eu des convulsions.

35. Urine enrichie en ammoniaque par putréfaction puis distillée, voir Wagner et L. Gautier, *Nouveau traité de chimie industrielle : à l'usage des chimistes, des ingénieurs, des industries*, Tome 1, 1878, consultable sur www.gallica.bnf.fr
36. Jean Valnet, *La Phytothérapie : se soigner par les plantes*, éditions Librairie générale française, Paris, 1986.

L'adjectif « essentiel » dérive du latin *quinta essentia*, qui signifie « quinte essence » ou « cinquième élément » après l'eau, la terre, l'air, le feu. Cet élément qu'il fallait extraire d'une plante était censé prolonger indéfiniment la vie.

Quant au mot « huile », dans ce contexte il provient de la constatation selon laquelle beaucoup d'herbes aromatiques contiennent des gouttelettes d'huile non miscibles avec l'eau. Ce ne sont pas des lipides (graisses), mais des mélanges de composés volatils.

Quoi qu'il en soit, l'huile essentielle de la *Salvia officinalis* n'est pas conseillée. En huile essentielle, il est préférable d'utiliser la **sauge sclarée** car l'huile de la sauge officinale contient davantage de thuyone que la sclarée. Même à faible dose, elle est épileptisante et neurotoxique. L'huile essentielle de la sauge sclarée a sensiblement les mêmes propriétés que la sauge commune mais elle est moins toxique.

Elle s'utilise par voie externe (massages, diffusion, inhalation, compresses, bains ou douches), ou par voie interne, essentiellement buccale (quatre gouttes trois fois par jour), mais aussi en suppositoires ou en ovules gynécologiques.

Elle améliore les cycles menstruels, régularise la transpiration, tonifie le cuir chevelu, régularise le cholestérol. Elle est également antispasmodique et aphrodisiaque. Elle lutte contre les hémorroïdes, les pellicules, les cheveux gras, les mycoses, la dépression, la frigidité, l'impuissance, la fatigue nerveuse, la mauvaise digestion. Elle est anti-inflammatoire, antiseptique. Elle améliore la circulation du sang.

Bref, c'est la panacée.

En condiments

On coupe les sommités fleuries. On les fait sécher dans un plateau d'osier. Ensuite, on les pulvérise au moulin à café. Robert Villon ne précise pas les vertus médicinales de cet usage, mais les fleurs ont à peu de chose près les mêmes propriétés que les feuilles.

En cuisine

On trouvait dans le *Trésor de la langue française* de 1606 l'explication de la locution suivante : « Il n'y a ne sel ne sauge = omnia insulsitatis plena ».

Soit : « Là où il n'y a ni sel ni sauge = toutes choses totalement sans goût ».

On comprend que depuis longtemps, on utilisait la sauge en cuisine.

À cette époque, on mangeait du « saugé de chapon » soit du chapon assaisonné avec une sauce à la sauge.

Au Moyen Âge

On s'en servait pour parfumer les viandes, les poissons et les entrées, soit avec des feuilles fraîches, soit en les cuisant. On l'appelait d'ailleurs « l'herbe des cuisinières ». On ajoutait des feuilles de sauge au sel que l'on utilisait pour conserver le bœuf et la volaille.

Oie rôtie aux feuilles de sauge

Ainsi, dans une de ces anciennes recettes, on trouve l'oie rôtie à la sauge : trois feuilles de sauges ciselées sont mélangées dans un bol à du gingembre en poudre, des clous de girofle écrasés et des graines de cardamome pilées. On délaie le tout avec un peu de jus de cuisson et on le reverse dans le plat de cuisson tandis que l'oie finit de rôtir.

On l'utilise ainsi depuis des siècles en raison de ses vertus digestives.

De même, on utilise la sauge avec des viandes comme le canard et le porc.

Aujourd'hui

Aujourd'hui, les plantes aromatiques étant de nouveau à l'honneur, le chef Marc Veyrat et l'ethnobotaniste François Couplan, dans leur livre *Herbier gourmand*, nous donnent deux recettes à la sauge dans lesquelles ils utilisent les fleurs de la plante[37].

Œufs pochés à la sauge

La première de ces deux recettes met en scène des œufs de caille pochés. Elle est particulièrement spectaculaire car les fleurs violettes de la sauge sont bien mises en évidence. La beauté de la recette est qu'on utilise sept œufs de caille par assiette, six en cercle et un au milieu. Ils reposent sur la sauce à la sauge et sont légèrement parsemés de grains de caviar. Des fleurs de sauge s'intercalent entre les œufs. La recette pour quatre personnes nécessite 28 œufs et 10 tiges fleuries de sauge des prés. C'est la sauge qui fait la sauce : on porte à ébullition 10 cl de bouillon de légumes auquel on a ajouté 7 tiges fleuries de sauge. On laisse infuser 5 minutes, on passe au chinois, on fait réduire un peu, on sale, on poivre, on ajoute une pincée de sucre et on incorpore 100 g de beurre. Enfin, on parsème les fleurs restantes pour décorer.

On peut bien sûr transposer la recette en remplaçant les œufs de caille par des œufs de poule et les grains de caviar par des œufs de lump.

Dans la même veine, la seconde recette qui s'intitule « langoustines à la sauge des prés » demande pour 4 personnes 20 langoustines et 10 sommités fleuries de sauge.

Voici quelques autres recettes et traditions intéressantes où la sauge est la vedette.

37. Marc Veyrat et François Couplan, *Herbier gourmand*, éditions Hachette, Paris, 2011.

Les Portugais recommandent la sauge sous forme de feuilles de sauge fraîche hachée sur des côtes de porc grillées et caramélisées.

Les Italiens consomment la sauge dans leur célèbre *saltimbocca* (littéralement « saute à la bouche »), une escalope de veau coupée très finement sur laquelle est appliquée une tranche de *prosciutto crudo* (jambon cru) avec une feuille de sauge. Légèrement enfariné, l'ensemble est roulé et maintenu fermé par un cure-dents, puis cuit dans du beurre auquel on ajoute du vin blanc en fin de cuisson.

Mességué recommande d'utiliser abondamment la sauge en cuisine sur les viandes grillées, dans les sauces, dans la soupe au pistou comme on le fait en Provence… « Plus vous en userez, écrit-il, et mieux vous vous porterez. »

Marie-Antoinette Mulot donne quant à elle la recette provençale de l'*aïgo boulido*. Cette expression est traduite par « l'eau bouillie », mais en fait, dans la culture provençale, c'est une eau bouillie qui sauve la vie, *l'aïgo boulido sauva la vido*. Il s'agit d'une infusion de sauge dans laquelle on a « pisté » quelques grains d'ail. « Pister » signifie éclater (et non écraser) avec un pilon. « C'est là le breuvage miraculeux qui constitue le breuvage du soir de tous les centenaires de mon village », ajoute notre herboriste[38].

Certains y ajoutent un jaune d'œuf, des croûtons de pain rassis, une poignée de parmesan et un demi-verre de porto. Mais ce n'est pas forcément meilleur pour la santé…

En outre, rien n'empêche de manger crues, ébouillantées ou en conserve, les jeunes feuilles et fleurs fraîches ou encore d'en saupoudrer les salades.

Enfin, on peut laisser aller son imagination et utiliser la sauge de toutes les façons, en cocktails, ajoutée à des jus de fruits, en condiment, fraîche ou séchée…

En litière et, pourquoi pas, en paillasse

D'après Mességué, on peut jeter des branches de sauge dans la niche du chien ou par terre dans le coin du chat. La sauge désodorise et repousse les puces. À ce propos, la décoction de sauge fait merveille pour soigner les petites plaies du chat dues au grattage tout en faisant cesser les démangeaisons.

En fumigations

Les fumigations humides

Faire bouillir dans une casserole découverte une poignée de sauge. Cette vapeur de sauge désinfecte un appartement.

38. Marie-Antoinette Mulot, *Élixirs de santé de votre herboriste*, éditions du Dauphin, Paris, 1985.

En inhalation, la sauge avec du thym et du romarin guérit rapidement une bronchite.

Les fumigations sèches

En fumigations sèches, la sauge permet de désinfecter les locaux en particulier lorsque des malades y ont séjourné.

L'élixir floral de sauge (Salvia officinalis)

L'élixir floral et le message de la fleur

Dans ce contexte, la fleur est considérée comme la partie la plus noble de la plante et possède la qualité très spécifique de la plante utilisée. Et pourtant, l'élixir ne contient aucune substance matérielle active contrairement aux autres préparations de la plante (infusions, décoctions, etc.). La qualité de l'élixir « se situe dans une dimension non physique immatérielle et invisible à l'œil nu mais a besoin d'un support matériel pour être véhiculée et transmis à l'homme ».

INFO ! L'élixir sert de support pour transmettre à l'homme le message de la fleur.

L'élixir floral, un harmonisant de l'âme

L'élixir floral est un « harmonisant de l'âme », écrit Philippe Deroide[39]. Il agit en tant que remède parce qu'il permet de régler les conflits internes, les tensions, les blocages émotionnels et les problèmes physiques qui en découlent.

Il est un catalyseur pour l'évolution consciente de l'homme.

La préparation de l'élixir floral

La préparation de l'élixir floral est assez compliquée. Il est donc préférable de l'acheter tout fait.

Bien évidemment, comme son nom l'indique, seules les fleurs de la plante interviennent dans la préparation de l'élixir floral. Il faut les cueillir au moment du pic maximum de la floraison.

Il faut d'abord préparer l'élixir mère par « macération des fleurs dans une eau de source très pure exposée au soleil pendant quelques heures ». On voit donc que déjà, il faut trouver l'eau de source très pure… « Cette préparation s'effectue directement sur le lieu d'habitat des plantes en plein air. » Bref, le procédé n'est pas simple. Il faut du temps, du savoir et de la passion.

39. Philippe Deroide, *Les Élixirs floraux, harmonisants de l'âme*, éditions Le Souffle d'or, Gap, 1992.

Cette préparation s'effectue en début de journée sous un ciel bleu sans nuage. Après quoi, le récipient posé sur la terre est exposé aux quatre éléments : la terre qui s'éveille au petit matin, l'élément Terre ; la rosée qui recouvre les herbes, l'élément Eau ; l'air vif et pur (il faut le trouver), l'élément Air et le Soleil encore doux qui caresse les fleurs, l'élément Feu. Cette exposition doit durer environ trois heures. Il faut donc choisir un lieu adéquat et avoir beaucoup de patience.

Et ce n'est pas tout, insiste Philippe Deroide, en dehors des quatre éléments – le protocole technique ne suffit pas – il faut un cinquième élément : la conscience humaine du préparateur. Celui-ci doit s'investir mentalement : « L'invocation par le préparateur des énergies subtiles et l'attention qu'il accorde aux forces élémentaires en action sont fondamentales. Par son niveau de conscience, le préparateur intervient dans le processus de préparation et conditionne le résultat final. » **Nous voilà donc en plein chamanisme.**

Les propriétés de l'élixir floral de Salvia officinalis

L'élixir floral de la sauge a pour caractéristique d'harmoniser la relation âme-esprit.

« La sauge, écrit Philippe Deroide, est l'expression même de l'aspiration vers la spiritualité. »

Son élixir floral « amène à la conscience la dimension spirituelle de notre être et nous permet de prendre du recul sur les expériences de notre existence.

Il sera bénéfique à ceux qui ne savent pas tirer des leçons des expériences du passé. C'est l'élixir de l'homme adulte qui a besoin de distiller l'essence des expériences vécues ». Et il ajoute quelque chose qui servira à beaucoup d'entre nous : c'est un élixir « bénéfique aux personnes qui affrontent la mort ou une épreuve douloureuse et qui se demandent : à quoi rime tout cela ? »

Il est donc recommandé dans les périodes de découragement lors des grandes épreuves de la vie.

Mises en garde

Ce n'est pas parce que Louis XIV prenait une tisane de sauge tous les matins qu'il faut le suivre aveuglément. Elle n'est pas recommandée aux gens de tempérament sanguin. Pour certains, elle peut causer des palpitations voire des convulsions et des vertiges. Il est donc inutile de forcer sur les doses. Elle est également déconseillée aux enfants qui peuvent être pris de convulsions, ainsi qu'aux épileptiques.

Seconde partie

Le chamanisme et les rituels chamaniques

Le chaman communique avec les esprits et notamment avec le Grand Esprit, généralement à travers la fumée d'une plante sacrée. C'est par elle qu'il acquiert la connaissance.
Le chaman a pour première fonction celle de soigner les malades, qu'il s'agisse de maladies physiques, mentales, psychologiques ou spirituelles.
Il doit savoir comment communiquer avec les esprits de la plante afin que ceux-ci le guident dans son intervention auprès de ceux qu'il doit soigner et protéger du mal et des esprits nuisibles.

Pour cela, il effectuera des « voyages chamaniques ».

Sur une pente de montagne, la sauge est comme
un encensoir sur un autel naturel ;
son parfum est sévère, solennel[40]*…*

(Wilhelm Pelikan)

40. Wilhelm Pelikan, *L'Homme et les plantes médicinales*, tome I, éditions Triades, Paris, 1962.

Chapitre 6

D'Abraham aux Amérindiens

Abraham et la fumée de sauge

Dans la Bible, différents passages font nettement allusion à l'utilisation de fumées sur le mont Moriah, « le mont de la Sauge » en araméen (*marva* en hébreu).

C'est là qu'Abraham, il y a plus de quatre mille ans, d'après la Bible, emmène son fils Isaac pour l'offrir en holocauste à l'Éternel, *El haholam*, « le Dieu de l'univers ». « Va vers le pays de Moriah, lui dit ce dernier, et élève-le là-bas en un holocauste sur l'une des montagnes que je t'indiquerai. »

C'est là que, mille ans plus tard, le messager de l'Éternel ordonne au roi David de faire construire un autel pour y faire « monter des montées », littéralement « monter de la fumée ». L'Éternel lui répond alors dans le feu du ciel, sur l'autel des montées.

C'est là, enfin, que David ordonne à Salomon de construire le temple de l'Éternel. Depuis lors, jour après jour, sur l'autel des encens, devant le rideau du saint des saints, la fumée s'éleva dans le temple tandis que le grand prêtre, au plus profond de l'édifice, prononçait le nom de l'Éternel et que celui-ci lui donnait ses ordres.

Rachi explique alors : « On a construit sur le mont Moriah le temple de Jérusalem parce que c'est de là que l'enseignement de la Torah sort pour le peuple juif. »

Abraham et le mont Moriah

C'est avec Abraham, autrement dit vers le début du deuxième millénaire avant Jésus-Christ, à l'entrée dans l'ère du Bélier, qu'apparaît l'évocation de la sauge et de la fumée qui s'en élève quand on la fait brûler ou même lorsque le soleil de midi en plein été en exhale les vapeurs. C'est sur le mont de la sauge que le grand patriarche communique avec son dieu Yahvé.

Avant d'en arriver à l'épisode du mont Moriah, le récit fait se succéder une série d'épisodes aux cours desquels des « messagers » divins ou des « esprits » se manifestent de différentes manières. Trois « hommes » (mais en fait il s'agit, on le comprend ensuite, de Yahvé et de deux de ses messagers) viennent visiter Abraham et lui annoncent que Sarah, sa femme alors très âgée, va lui donner un fils (Genèse XVIII).

Après quoi, les trois se lèvent et se dirigent en direction de Sodome. Abraham les suit et Yahvé lui annonce qu'ils vont détruire Sodome et Gomorrhe en raison de l'indignité de leurs habitants. Abraham tente d'intercéder mais en vain, car, en dehors de Lot, son oncle, il n'y a personne, dans ces cités, digne d'être sauvé.

Les deux qui accompagnaient Yahvé sauvent Lot et sa famille. Ils entraînent, « en les tirant par la main », Lot, sa femme et ses deux filles, en leur disant de ne pas se retourner. Mais la femme de Lot, on le sait, se retourne et elle est changée en statue de sel. Lot et ses filles se réfugient dans un village avant de se diriger dans une grotte, où ils se terrent, pensant que l'humanité tout entière serait détruite. Les deux filles enivrent leur père pour s'unir à lui afin de reconstituer avec lui l'humanité perdue.

Pendant ce temps-là, le lendemain matin, Abraham, se tenant à l'endroit où il avait communiqué avec Yahvé, scrute Sodome et Gomorrhe et toute la plaine. Il ne voit, montant de la terre, que l'épaisse fumée d'une fournaise, la fumée d'un grand holocauste (Genèse XIX).

Abraham s'installe chez les Philistins, Yahvé vient visiter Sarah et « fait ce qu'il faut » : elle tombe enceinte à près de quatre-vingt-dix ans et va pouvoir donner naissance à Isaac.

Mais Isaac devenant un jeune garçon, Yahvé demande à Abraham d'aller l'offrir en holocauste sur le mont Moriah (Genèse XXII). En holocauste : cela signifie qu'après l'avoir égorgé, il devra le faire brûler entièrement jusqu'à ce qu'il ne reste de lui que des cendres.

Il lui dit : « Abraham » et Abraham répond : « Me voici ».

Il lui dit ensuite : « Prends donc ton fils Isaac et va pour toi
en terre de Moriah et monte en montée
sur l'un des monts que je te dirai ».

Il ne s'agissait là que d'une épreuve. Alors qu'Isaac s'est laissé ligoter sur le bûcher et qu'Abraham brandit son couteau, un messager l'appelle du ciel, arrête sa main et lui montre un bélier pris par les cornes dans un buisson pour qu'il soit sacrifié à la place d'Isaac.

Ainsi, le bélier égorgé, symbole de l'entrée dans la nouvelle ère, va brûler entièrement sur le bûcher, tandis que la fumée de la sauge s'élève jusqu'au ciel. Abraham « le monte en montée », dit le texte ; autrement dit, il fait monter la fumée de l'holocauste, le bois de la colline étant évidemment mêlé de branches de sauge dont les buissons couvraient les pentes.

Abraham crie le nom de ce lieu : *Yahvé Iré*, soit « Yahvé verra », car c'est sur cette montagne que l'Éternel sera en contact avec les prophètes.

La fumée de la sauge permet donc la communication avec le divin.

Par ailleurs, si le mot *moriah* peut désigner la sauge, il peut aussi s'interpréter comme faisant allusion à la « myrrhe » (*mor* en hébreu) : il s'agit de la myrrhe de *Yah* (*Yah* est la forme abrégée de *Yahvé*). Autrement dit, la sauge peut se comparer à la myrrhe. Comme elle, elle embaume, mais elle possède aussi toutes sortes de vertus thérapeutiques.

Quoi qu'il en soit, depuis ce temps-là, le mont Moriah est sacré.

C'est sur ce lieu appelé Moriah, « mont de la sauge », que les Hébreux dorénavant « se présenteront année après année, de solennité en solennité pour voir et être vu de Yahvé » (Chouraqui).

David sur le mont de la sauge

Mille ans plus tard, c'est là que le roi David, le père de Salomon, voit le messager de Yahvé, dressé entre la terre et le ciel. Ce messager en effet lui demande de monter sur le mont Moriah, d'y ériger un autel et d'y faire monter la fumée des holocaustes. Yahvé lui répond dans le « feu des ciels », littéralement, sur l'autel des montées (de la fumée). C'est là que dorénavant David va écouter son dieu. Puis il décide que chaque matin et chaque soir, les prêtres doivent y faire monter les fumées vers l'Éternel.

Enfin, c'est là que Salomon fait construire le Temple : « Salomon commença à construire la maison de Dieu à Jérusalem sur le mont Moriah où il apparut à David, son père. Il la prépare à la place de David, sur l'aire d'Ornan (Ornan est celui qui avait vendu ce terrain à David) » (II Chroniques, III).

On sait que les fumées jouaient un rôle primordial sur l'autel des parfums, situé au centre du temple.

Moïse et la ménorah : un symbole inattendu de la sauge

Moïse n'a a priori rien à voir avec le mont Moriah, puisqu'il construisit la tente du Rendez-vous et tous les objets de culte près du mont Sinaï et que c'est sur ce mont que Moïse resta quarante jours avec Yahvé pour recueillir ses directives. Cependant, **Rachi**[41] **met le mont Moriah au mont de Jérusalem, mais aussi au Sinaï. Le mont Moriah** désignerait alors une qualité, un lieu où l'on peut communiquer avec son dieu, grâce à la sauge. On peut d'ailleurs aussi penser que des buissons de sauge recouvraient une partie des flancs du mont Sinaï.

41. Rachi (Acrostiche de Rabbi Chlomo ben Yts'hak) de Troyes (1040-1105) est le plus grand commentateur de la Bible hébraïque et du Talmud de Babylone. Il refusa le rabbinat et gagnait sa vie comme marchand de vin.

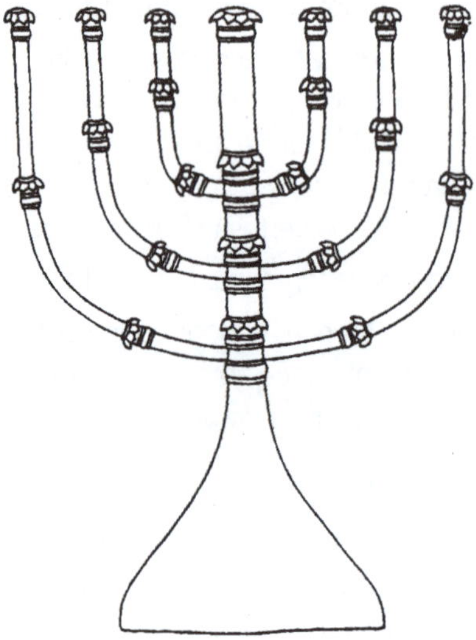

Figure 8

Il y avait comme un feu dévorant le sommet de la montagne et une sorte de nuée. C'est dans cette brume que monta Moïse pour écouter son dieu. Quarante jours ne furent pas de trop, car Yahvé lui donna tous les détails de tout ce qui devait être fait : il lui dit comment construire la tente, l'arche, les vêtements sacerdotaux et tous les objets du culte.

Parmi ces objets figure la ménorah (fig. 8), ce célèbre chandelier à sept branches, dont on connaît bien la forme puisque celle du Temple qui avait été volée par les soldats romains fut représentée sur l'arc de triomphe de Titus. On y voit les soldats emportant en procession la ménorah et les trompettes du temple de Jérusalem.

C'est la sauge (fig. 9) qui a inspiré la structure de la ménorah.

La description très « botanique » de la sauge en témoigne, avec ses branches, ses fleurs, ses pétales et ses calices. On lit ainsi dans Exode XXV :

Figure 9

Il était tout d'une pièce en or jusqu'à sa base jusqu'à ses fleurs.
D'après la forme que l'Éternel avait indiquée à Moïse,
ainsi avait-on fabriqué le candélabre.

Et dans Exode XXXVII, on lit :

17 *Il fit le candélabre, sa base et sa tige (ou sa branche), ses calices,*
ses boutons et ses fleurs étaient issus de lui.

18 *Et six tiges sortaient de ses côtés, trois tiges de candélabre*
d'un côté, trois branches de candélabre de l'autre.

19 *Trois calices en amande dans une tige, bouton et fleur*
et trois calices en amande dans une tige, bouton et fleur.
Ainsi pour les six tiges sortant du candélabre.

20 *Sur le fût quatre calices en amande, leurs boutons et leurs fleurs.*

21 *Un bouton à l'origine d'une de ses paires de branches ;*
un bouton à l'origine de la seconde paire de branches ;
un bouton à l'origine de la troisième paire de branches ;
ainsi pour les six tiges qui en ressortaient.

22 *Boutons et branches faisaient corps avec lui. Il formait tout entier*
une seule masse d'or pur. Après quoi il fait les sept lampes.

Ainsi, une branche de cette sauge fut immortalisée en un symbole de lumière et de feu. Reproduite en or, en lampe éclairée par l'huile d'olive la plus pure, la sauge est devenue le symbole d'Israël et de son temple disparu.

La ménorah exprime l'action de la sauge. Tout comme la sauge devait brûler sur la colline en même temps que les holocaustes, la ménorah devait brûler sans cesse dans le Temple. Les Lévites étaient chargés d'assurer la garde et l'entretien du chandelier, qui devait brûler du soir au matin devant le Seigneur et le grand prêtre était chargé de veiller à ce qu'il brûle.

Le mot **ménorah** est composé du préfixe *Me* (indiquant la provenance d'une chose) et de la racine hébraïque *nor* (« flamme »), la flamme étant le symbole même de la présence divine, la *Shekhina*. **La ménorah fait donc de la sauge un symbole de feu et de lumière.**

Aujourd'hui, il n'y a plus de sauge sur le mont Moriah, qui ne se nomme plus que le mont du Temple. Celui-ci a été détruit et reconstruit à plusieurs reprises. Après avoir été reconstruit une dernière fois par les Romains, il fut détruit définitivement. Aujourd'hui, sur le mont du Temple, le mont de la sauge, il n'y a plus de sauge, il n'y a que des pierres, bien que le lieu soit resté sacré.

Heureusement, on peut contempler la sauge du mont Moriah dans une réserve qui se nomme aujourd'hui le Parc de Neot Kedumim ou les « Oasis d'Antan ». Elle est située dans les collines de Modiin, entre Jérusalem et Tel Aviv, et c'est un véritable musée en plein air où l'on peut étudier la botanique[42].

Les Israéliens nomment la sauge du mont Moriah la *Salvia palaestinae* ou sauge d'Israël ou de Jérusalem. Son huile est particulièrement parfumée. Elle a sans doute été utilisée dans le temple.

Par ailleurs, on notera que pour Benny Shanon, professeur au département de psychologie cognitive de l'université de Jérusalem, Moïse et le peuple d'Israël au mont Sinaï étaient sous l'effet de stupéfiants[43].

Aujourd'hui au Québec

Si on ne brûle plus de sauge en Israël pour parler avec l'Éternel, les Amérindiens du Canada ont gardé les antiques coutumes.

Ainsi, ils ne font pas de cérémonies sans s'asperger de fumerolles de sauge brûlée. Ils placent de la sauge séchée dans une grosse coquille (en général une coquille d'ormeau), ils l'allument et entretiennent les braises à l'aide d'une grande plume.

Vincent Karche[44] rapporte que, lors de cérémonies officielles, notamment à la fête des Nations amérindiennes le 21 juin de chaque année, on utilise la fumée de sauge. Il ajoute qu'il ne se fait pas de discours sans que toute l'assistance soit enfumée – ministres québécois et canadiens, ainsi que les non-Amérindiens, même s'ils sont près de mille. La fumée de la sauge purifie l'atmosphère et au bout d'un certain temps l'assistance ressent soudain une énergie de communion...

---

42. Créé grâce à l'acharnement du botaniste spécialiste des plantes d'Israël Noga Haréouveni (1924-2007).
43. Benny Shanon, *L'Expérience de l'invisible*, InterÉditions, 2015 (2002 en anglais).
44. Vincent Karche, d'après le blog Capucyne.Eklablog.com

Le chaman en route avec son bâton

Schamans… C'est le nom que les habitants de Sibérie donnent à des imposteurs, qui chez eux font les fonctions de prêtres, de jongleurs, de sorciers et de médecins qu'ils consultent pour savoir l'avenir pour la guérison des maladies.

Diderot et D'Alembert, *Encyclopédie*

Chapitre 7

Les anciens chamans d'Eurasie septentrionale

Avec les élixirs floraux, nous avions déjà quitté le domaine matériel de la phytothérapie. Si l'état de conscience du préparateur intervient dans la préparation de l'élixir, nous entrons dans la voie chamanique. En effet, l'esprit du préparateur entre en quelque sorte en relation avec l'esprit de la plante. Mais qu'est-ce donc qu'un chaman et qu'est-ce que le chamanisme ? D'où viennent ces mots ?

« Chaman », un mot qui nous vient du froid sibérien

C'est en 1675 que le mot « chaman », venu de Sibérie, arrive aux oreilles du monde chrétien, tout comme l'idée de « peuples à chamans ».

Un certain Avvakum Petrovitch, archiprêtre russe exilé par le tsar en Sibérie et considéré comme étant le plus grand écrivain russe d'avant le XIXe siècle, rencontre des chamans. Il rapportera cette rencontre dans son récit d'exil (rédigé entre 1672 et 1675), *La Vie de l'archiprêtre Avvakum écrit par lui-même*, récit dans lequel pour la première fois le mot « chaman » apparaît[45].

Dans ce chapitre – on est en août-septembre 1661 – Avvakum se trouve au fin fond de la Sibérie, à l'est du lac Baïkal, et s'apprête à retourner à Moscou. Il raconte comment le chef cosaque qui les convoyait, lui et les siens, avec ses troupes (72 cosaques et 20 Toungouses), « obligea un indigène à **faire le chaman**, c'est-à-dire le devin : l'expédition sera-t-elle victorieuse et reviendront-ils victorieux (avec du butin) ? »

45. *La Vie de l'archiprêtre Avvakum écrite par lui-même*, Gallimard, 1938.

En guise de réponse, le chaman, un Toungouse, après avoir sacrifié un bélier, commence à sauter et à danser ; puis fait savoir que les « démons », qu'il a appelés, annoncent le succès. L'archiprêtre chrétien russe quelque peu fanatique (c'est d'ailleurs en raison de son fanatisme et de son intransigeance vis-à-vis des autres églises orthodoxes que le tsar l'a fait exiler), outré devant l'expression de cette « religion diabolique », se croit obligé de riposter en lançant au chaman une malédiction. « Envoie-leur du mal » demande-t-il à son dieu en remerciement de cette aimable prédiction : « Écoute-moi, mon Dieu ! Écoute-moi ! Que pas un d'entre eux n'en revienne ! Creuse-leur là-bas un tombeau à tous ! Envoie-leur du mal, Seigneur, envoie-leur ! Et conduis-les à leur perte pour que ne s'accomplisse la prophétie diabolique. »

« Chaman » (ou « chamane » ou « shaman »), un mot venu de la langue toungouse

« Chaman » est un mot qui vient des peuples toungouses de Sibérie orientale

« Chaman » (ou shaman) vient de « sama », mot qui évoque chez l'animal en rut le fait de remuer l'arrière-train et les pattes postérieures. Le verbe qui en est dérivé signifie « danser et chanter lors des rituels », « chamaniser[46] ».

Sama n'est pas le seul mot utilisé pour désigner un même personnage. Il en est de même du mot « chamanisme » parfois décrit comme « culte chamanistique » qui désigne les pratiques du chamane.

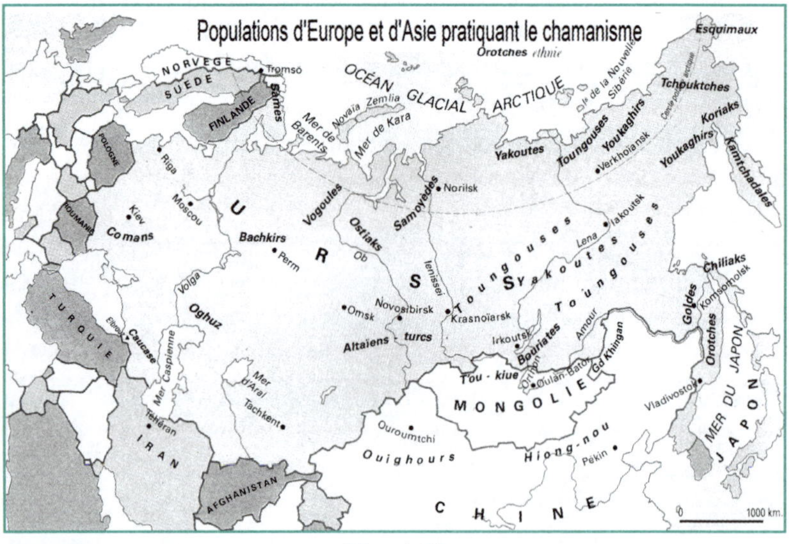

Figure 10

46. Roberte Hamayon, *Le Chamanisme*, Eyrolles, Paris, 2015.

Les Iakoutes (peuplades dont la région se situe à cheval sur le cercle polaire arctique), quant à eux, utilisent la racine turque *oyuu* qui signifie « faire des bonds », puis « jouer », « chamaniser » ; ce terme désigne aussi le nom du chaman.

Les Bouriates (peuples vivant aux alentours du lac Baïkal) utilisent le verbe *naadaha* qui signifie « parader » pour les oiseaux, « frayer » pour les poissons et, par extension, « danser rituellement ».

Ils utilisent aussi *hatarha* qui signifie « trotter », « trépigner sur place » et, par extension, « danser la ronde » lors des rituels chamaniques.

Ils emploient également *Mürgehe*, « donner des coups de tête », « encorner » et, par extension, « lutter » et « faire un rituel chamanique ».

Bref, les mots pour signifier « chaman » et « chamaniser » sont en relation étroite avec le monde animal et les parades amoureuses, les mouvements du mâle à la saison des amours.

Mais ce sont les mots « chaman » et « chamanisme », issus de la langue toungouse, qui sont passés en Occident, et ce, pour la bonne raison que les Toungouses étaient les meilleurs guides pour les explorateurs de la Sibérie à partir du XVIe siècle. En effet, en tant que chasseurs et éleveurs de rennes, les Toungouses devaient être capables de suivre ces derniers lors de leurs migrations saisonnières. Sans compter que leurs chamans étaient réputés comme étant les meilleurs.

Mais bien sûr, on rencontre, comme on le verra, des chamans dans d'autres régions de l'Eurasie centrale et septentrionale, puis dans d'autres régions du monde. En fait, le chamanisme se trouve depuis la nuit des temps sur toute la planète.

La perception des différentes pratiques chamaniques en Asie

D'après le récit d'Avvakum, XVIIe siècle

Si l'on s'en tient au récit de l'archiprêtre russe, on découvre plusieurs caractéristiques du chaman et du chamanisme :

Le chamane prédit ou devine.
Il gesticule, il fait des bonds, il danse.

Suivant la description de Diderot et D'Alembert, au milieu du XVIIIe siècle

Avec la description de l'*Encyclopédie* de Diderot et D'Alembert (première édition de 1751), on en apprend un peu plus sur les chamans :

> *Ils font des tours qui paraissent surnaturels à un peuple ignorant et superstitieux : ils se servent pour cela de tambours qu'ils frappent avec force en dansant et tournant avec une rapidité surprenante. Lorsqu'ils sont aliénés à force de contorsions et de fatigue, ils prétendent que le diable se manifeste à eux quand il est de bonne humeur.*

On comprend, devant l'attitude longtemps méprisante des bons chrétiens occidentaux, qu'il s'agisse d'explorateurs ou d'intellectuels, que les habitudes chamaniques se firent peu à peu clandestines et que les pratiques chamaniques se cachèrent tant des missionnaires que plus tard des militants soviétiques athées.

Une réévaluation au milieu du XXe siècle

Au milieu du XXe siècle, on commençait à avoir une meilleure idée du chamanisme archaïque grâce à de nombreux documents, récits détaillés et photos, rapportés par des voyageurs de toutes sortes, chercheurs, missionnaires, officiers, déportés politiques, mais bien sûr cette connaissance n'était appréhendée que de l'extérieur.

Ainsi le Dictionnaire analogique et alphabétique (Le Robert ou le Grand Robert) le définit comme suit :

> *Chamanisme (de « chaman », nom des prêtres sorciers de cette religion). Religion très ancienne de certaines peuplades de la Sibérie et de la Mongolie occidentale, caractérisé par le culte de la nature, la croyance aux esprits et certaines pratiques paroxystiques telle que la danse des sorciers devant le feu.*

Le chamanisme vu de l'extérieur par les chercheurs de la première moitié du XXe siècle

Une conception générale

Dans le chamanisme, « le monde des hommes n'est qu'un des éléments d'un vaste système solidaire de mondes communiquant entre eux dépendant les uns des autres effectuant des échanges réguliers ou occasionnels[47]. »

47. Collectif (sous la direction de Maxime Gorce et Raoul Mortier), *Histoire générale des religions*, éditions Aristide Quillet, Paris, 1945.

Une structure en trois parties

L'univers se compose de trois ensembles superposés de mondes dont le supérieur et l'inférieur se subdivisent en nombre variable d'étages suivant les régions.

Les hommes vivent dans le monde du milieu mais, bien évidemment, ils n'en sont pas les seuls occupants.

Toutes sortes d'êtres se partagent la possession de la terre. Les divinités, les maîtres et les esprits de l'univers habitent ces différents niveaux et les gèrent. Une divinité suprême réside quant à elle dans le ciel le plus élevé. Créatrice du monde, elle garantit par sa présence au sommet des cieux l'ordre de l'univers.

Lieux de passage

Les différents niveaux du cosmos communiquent entre eux dans des lieux privilégiés, comme une montagne sacrée pour passer de la Terre au Ciel ; une grotte, un trou, pour passer du monde du milieu au monde inférieur.

L'arbre cosmique

Axe de l'univers, pilier du monde, il relie le nombril du Ciel, l'étoile polaire, à la Terre et aux mondes inférieurs. Le poteau central de la tente, au sommet de laquelle s'élève la fumée, le représente.

Mais chaque groupe possède son arbre permettant de reconstituer le cosmos dans son aire géographique.

L'origine mythologique du chaman ou l'apparition du premier chaman

L'apparition du premier chaman est décrite dans les mythes de Sibérie[48].

Au début il n'y avait pas d'hommes, seulement des esprits célestes : des bons, ceux de l'ouest, et des mauvais, ceux de l'est.

Les esprits de l'ouest créèrent les hommes qui vivaient heureux, sans maladie ni chagrin. Mais voilà que les hommes se mirent à dos les esprits de l'est. Ils tombèrent malades et se mirent à mourir.

Les esprits de l'ouest délibérèrent et décidèrent, pour aider les hommes à lutter contre les mauvais esprits, de leur donner un chaman. Pour cela, ils choisirent l'aigle et l'aigle était un dieu. Mais voilà : bien que l'aigle ait aidé les hommes en chassant les mauvais esprits, les hommes ne crurent pas en lui. Ils le prenaient pour un simple oiseau, d'autant qu'ils ne comprenaient pas son langage et que l'aigle ne pouvait parler.

L'aigle, voyant cela, se rendit au ciel et demanda de l'aide aux esprits.

---

48. Collectif (sous la direction d'André Akoum), *Mythes et croyances du monde entier*, tome 4: Les mondes asiatiques, Lidis Brepols, Paris, 1985.

Ceux-ci prescrivirent que l'aigle transmettrait sa science chamanique au premier homme qu'il rencontrerait.

L'aigle étant redescendu, rencontra, dormant sous un arbre, une femme qui s'était éloignée de son mari. Il eut des rapports avec elle et elle tomba enceinte.

Elle mit au monde un fils qui devint le premier chaman. (Dans d'autres versions, c'est la femme qui devient la première chamane).

À partir de là, chaque nouveau chaman est personnellement désigné par les esprits, dont il détiendra ensuite les pouvoirs. Reprenant sa place parmi les hommes, le chaman, dorénavant initié, est doté de pouvoirs surnaturels. Par exemple, « il peut entendre et comprendre la conversation des brins d'herbe entre eux. » Il sait monter et descendre le long de l'arbre cosmique et donc passer d'un monde à l'autre.

Ainsi, il pourra servir d'intermédiaire entre le monde des hommes et ces différents niveaux de l'univers qui lui sont inaccessibles. Il est dorénavant service des hommes corps et âme. Mais il peut se faire aider par des esprits.

Pour ces voyages, pour passer d'un monde à l'autre, il endosse différents costumes.

Les costumes du chaman

Le costume oiseau

Rappelant le mythe de l'aigle, c'est lui qui lui permettra de faire l'ascension vers le monde supérieur. Ce costume est fait en peau de grand cervidé sauvage d'un seul tenant. Il est couvert d'ornements et de pendeloques de formes diverses comme des lanières de cuir, des pendeloques en forme d'anneau ou de silhouettes animales terrestres, aquatiques ou volatiles. Le chaman modifie son costume en fonction des rituels. Mais c'est la communauté qui lui fournit son costume et son tambour et renouvelle son équipement. Les pendeloques métalliques sont souvent considérées comme des armes dans les mondes invisibles.

On voit sur ces deux images le chaman revêtu de son costume rituel oiseau (fig. 11 et fig. 12).

Il est garni de multiples franges (des lanières de peau) symbolisant des plumes. Deux plaques métalliques, représentant les pennes rémiges, sont suspendues au vêtement. D'autres plaques métalliques de formes variées, également accrochées au costume, indiquent les noms de différentes parties du corps, notamment du squelette, de l'homme et de l'oiseau. Le costume rituel est considéré comme un être vivant, dont l'âme veille sur celui qui le porte.

Figure 11. Costume vu de dos

Figure 12

Le costume renne ou ours pour descendre dans le monde inférieur

Le chaman porte un bonnet orné de plumes de hibou, qui sont censées, comme le hibou, dévorer les esprits malins.

On trouve parfois un diadème surmonté de bois de cervidés, en fer forgé ; c'est le cas chez les Toungouses par exemple. Les cornes de fer servent au chaman à enfourcher les esprits qu'il combat.

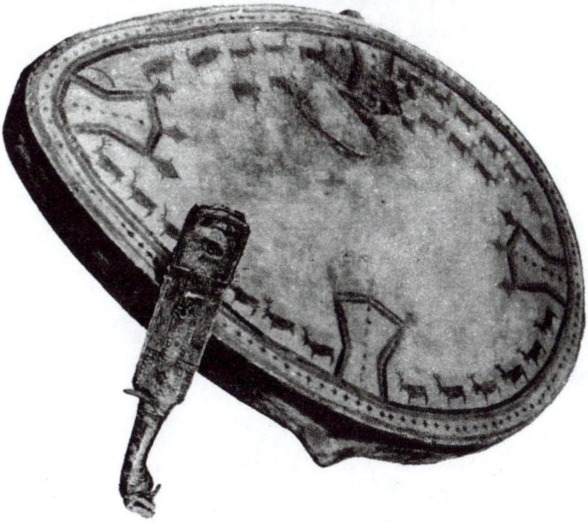

Figure 13

Le tambour magique et son battoir

Le tambour

Il est l'attribut le plus caractéristique du chamanisme. Il n'a pas une fonction musicale, mais une fonction magique ou mystique.

Le bruit qu'il provoque est destiné soit à chasser les mauvais esprits soit à les appeler au moment de la divination.

Le caractère sacré du tambour permet de comprendre pourquoi le choix du bois (sapin, pin, bouleau) de l'arbre est soigneusement sélectionné, tout comme le lieu où il pousse et l'ensoleillement qu'il reçoit. Ensuite, on le creuse et on y tend une peau de jeune renne.

Il est donc constitué d'une membrane en peau tendue sur un cadre en bois de forme circulaire ou ovale. Il apparaît comme un tambourin recouvert de peau d'un seul côté.

La membrane est en général ornée de figurations de l'univers ou de divers éléments du monde mythique que le chaman, de cette sorte, tient en main. Autrefois, la membrane était décorée avec de la teinture rouge à base d'écorce d'aulne. On pouvait y voir une croix, quatre angles représentant les quatre points cardinaux, des animaux, des esprits protecteurs ou encore des dieux (fig. 13). La connaissance étroite du symbolisme des images était pour le chaman la condition de sa pratique.

Les grands tambours ovales sont l'apanage des Toungouses, des Yakoutes et d'autres groupes apparentés.

Figure 14

Le battoir

Le battoir est un objet rituel à part entière. Le chaman le possède généralement avant le tambour. Il est la plupart du temps en bois et recouvert de fourrure. De plus, il comporte traditionnellement la figuration d'un génie qui devient en quelque sorte le porte-voix du chaman. Il peut aussi avoir la forme d'une cuillère et être alors dissymétrique, ménageant ainsi un bon et un mauvais côté.

À l'origine, le tambour est tenu de la main gauche devant soi. Le battoir est actionné de bas en haut par l'extérieur (fig. 14). Roberte Hamayon précise que le tambour évoque « directement le prélude de l'acte sexuel, prélude auquel se limite la terminologie animalière utilisée pour désigner les gestes rituels chamaniques ».

Retourné face ouverte vers le haut, il peut aussi servir de refuge pour les âmes du groupe ou de barque pour conduire une âme de défunt.

Il sert au chaman à convoquer les esprits mais il lui tient aussi lieu de monture dans son périple à travers les mondes.

Le feu et la fumée

Les grandes fêtes chamaniques s'effectuaient à la nuit tombante, autour d'un feu, qui une fois qu'il ne restait que des braises, servait à réchauffer le tambour (pour amplifier le son) et à brûler des herbes aromatiques et stupéfiantes qui aidaient l'officiant et les assistants à entrer en transe. Ainsi, certains voyageurs témoins de ces fêtes chamaniques en pays de Kouda (la rivière Kouda près de la haute Léna) rapportèrent des photos montrant une grosse fumée s'échappant des braises (fig. 15). C'est alors que le chaman commence ses invocations et appelle son génie tutélaire.

Figure 15. Fête chamanique dans la steppe, pays de Kouda (musée de l'Homme)

Les boissons magiques

L'extase et l'entrée en transe sont donc le moyen pour le chaman d'établir le contact avec les puissances surnaturelles.

C'est pourquoi, outre la fumée des herbes aromatiques et stupéfiantes, le chaman sibérien utilisait des boissons comme le *noaidi jukhamus*, qui est un mélange de cendres de bouleau et d'eau bouillie, ou encore le *rupa cahci*, un mélange d'arêtes et boyaux de poissons bouillis dans de l'huile de phoque. Après avoir absorbé le contenu d'une marmite de liquide, le chaman dansait et chantait, se jetait à terre, la tête sous l'un des rondins, proches de l'entrée de sa tente. Il était tiré de sa torpeur par le chant d'une chamane, qui allait chercher son âme sur les chemins de la connaissance (dans des grottes, à travers le feu de l'enfer et l'eau) et la ramenait sur Terre.

Le champignon du diable

Les chamans de Sibérie consommaient également l'amanite tue-mouches (fig. 16) en raison de ses effets psychotropes.

Ce champignon (*Amanita muscaria*) poussait à l'origine sous les bouleaux et les conifères des régions les plus septentrionales du vieux continent. Mais il s'est répandu un peu partout dans le monde depuis fort longtemps. Sa consommation était largement répandue. On la trouvait au Kamtchatka[49], chez les Ostiaks de l'Ob et de l'Ienisseï. Il faisait l'objet d'un commerce important et dans les régions où il était rare, il atteignait des prix exorbitants.

Figure 16. Amanite muscaria jeune

Les Koriaks allaient jusqu'à échanger un renne pour un champignon. Comme le souligne Jean-Marie Pelt[50], on retrouve le lien étroit qui lie l'usage des hallucinogènes à la civilisation du renne.

49. Les premières observations relatives à l'usage rituel de l'amanite furent rapportées en 1730 par Johan von Strahlenberg au retour d'un voyage dans ce pays.
50. Jean-Marie Pelt, *Drogues et plantes magiques*, Fayard, Paris, 1983.

L'amanite était soit directement mastiquée, soit consommée en extrait dans du lait, de l'eau chaude ou du jus de myrtille ou d'épilobe.

L'amanite permet au chaman d'entrer en contact direct avec les esprits. Au nom du groupe social auquel il appartient, il engage alors le combat contre les forces maléfiques qui le menacent. Il peut aussi guérir un patient en attirant l'esprit maléfique hors du corps de ce dernier.

Toutefois, ce champignon n'est pas sans danger, aussi dans la vallée de l'Ob, en Sibérie, les Voguls avaient édicté un interdit sévère sur l'ingestion de l'amanite tue-mouche : seul le chaman et son aide pouvaient consommer le champignon en toute sûreté – tous les autres qui s'y risquaient encouraient un mortel danger.

En France comme dans toute l'Europe occidentale, il est facile de trouver ce champignon bien reconnaissable, dans les forêts, au pied des bouleaux. On peut donc imaginer que les druides s'en servaient en même temps qu'ils buvaient de l'hydromel aromatisé à la sauge, tout comme dans certaines régions de la Sibérie lors des mariages on mange des champignons en buvant de la vodka. Les récits et les images montrant des elfes associés à ces champignons sont probablement une survivance de l'association champignons hallucinogènes/esprits de la nature.

Certains ont même pensé que les visions d'Hildegarde de Bingen avaient été provoquées par des plantes hallucinogènes, volontairement ou non. Dans ce cas, on peut penser qu'il s'agissait de ce champignon. Les visions d'Hildegarde évoquaient fortement les voyages chamaniques dans le Monde d'en haut, influencés bien entendu par la culture chrétienne de l'époque.

Enfin, on trouve les champignons de l'autre côté de l'océan. Les Mayas du Guatemala l'emploient à des fins rituelles sacrées. Ils le nomment le « champignon de l'éclair », l'associant au dieu de l'éclair. On peut aussi penser qu'il était connu des Grecs antiques, qui l'utilisaient dans leurs mystères.

La notion des esprits-maîtres de la nature

Pour le chaman, tout est force dans l'univers. Tout y vit. Tout est vivant, même un caillou. Chaque objet a sa puissance, que ce soit une pierre, un arbre, une plante. De plus, la puissance d'un objet croît par son accumulation. Ainsi, un cairn (amas artificiel de pierres, élevé pour marquer un endroit) vaut la totalité de ce que vaut chaque pierre, et de la même manière la valeur d'une forêt est égale à l'ensemble des valeurs de chaque arbre.

Est maître d'une espèce minérale, végétale ou animale, l'esprit ou la divinité à qui appartient le lieu où vit cette espèce.

INFO ! Dans le chamanisme, tous les animaux et tous les objets, même les cailloux, sont protégés par de puissants esprits-maîtres. Chaque espèce est également pourvue d'un maître animal et chaque animal d'un protecteur individuel.

Il ne fait pas bon offenser ces maîtres, esprits et protecteurs. En ce qui concerne la chasse, les esprits-maîtres acceptent de collaborer, mais dans des limites précises, selon des règles et surtout dans le respect de l'animal : par exemple, ne pas violer son domicile en enfumant son terrier, ne pas tuer plus de bêtes qu'on en a besoin pour vivre.

Les peuples du chamanisme considèrent les humains comme une espèce parmi d'autres. Leurs huttes, couvertes de peaux ou de plaques d'écorce, sont considérées comme étant l'équivalent des nids et des terriers des autres espèces. Ils se sentent partie prenante de la chaîne alimentaire qui permet à toutes les espèces d'y vivre. En témoigne le fait qu'ils mettent sur les sentiers des arêtes de poisson pour que les fourmis s'en nourrissent ou le fait qu'ils déposent les cadavres de leurs défunts sur des plates-formes dans les arbres, pour nourrir les rapaces et les carnassiers.

On est loin de l'arrogance de l'homme moderne.

Le pouvoir des animaux

Les animaux naissent, meurent, prient, sont organisés en clans. Ils peuvent s'allier aux hommes ou devenir leurs ennemis.

Ils ont des dons que les humains ne possèdent pas comme du flair et un sens de l'orientation supérieur.

Les poissons peuvent atteindre les zones cosmiques d'en bas. C'est par leur intermédiaire que le chaman pourra accéder à ces lieux ou plutôt par leurs esprits-maîtres.

En effet, tous les animaux sont protégés par de puissants esprits-maîtres, nombreux et hiérarchisés, qui pourront être des guides. Ainsi, pour communiquer avec les mondes inférieurs, le chaman pourra se faire aider de certains esprits animaux comme la taupe, le hérisson, les batraciens, les reptiles, divers poissons ou encore le hibou qui se réfugie dans le creux des arbres.

Les oiseaux, mais aussi les grands arbres, pourront aider le chaman à communiquer avec les mondes supérieurs, à s'élever à travers le Ciel et à se rapprocher du Grand Dieu ou Grand Esprit.

L'alliance

Tout chaman est l'élu d'un esprit qui vient lui offrir son alliance.

Cette alliance est particulière ; L'esprit protecteur du chaman appartient généralement au sexe opposé. On peut le considérer comme une épouse mythique. C'est pourquoi certains rites d'initiation chamanique ont le caractère de véritables cérémonies nuptiales.

Les fonctions du chaman

Un chaman assume les fonctions de devin, de guérisseur, de psychopompe.

Devin

Pour cela, il s'adresse aux esprits et surtout, il s'assurera de leurs bonnes grâces pour l'avenir.

La guérison et la protection des âmes

C'est le vol d'une des âmes d'un individu qui cause les maladies (il y en a généralement trois) et ce sont les mauvais esprits qui sont responsables de ce larcin. Au pire, ils s'introduisent à la place laissée vacante par l'âme.

Le chaman va donc devoir identifier l'esprit responsable de la maladie. Pour cela, il lui faudra se rendre dans les autres mondes où il se fera aider par les esprits auxiliaires qui seront convoqués par le tambour ou la fumée de l'herbe sacrée.

Nous avons situé le chamanisme en Sibérie, mais en fait on le trouvait autrefois en Turquie, en Mongolie, en Laponie, en Suède, en Norvège, en Finlande, en Russie, en Chine, en Corée, au Japon. Et il en existe toujours…

Si, en théorie, il ne reste plus de chamans en Sibérie, de nouvelles générations de conteurs continuent à transmettre une tradition orale toujours vivante et l'on ne s'étonnera pas de trouver des résurgences dans tous les pays que nous venons de citer ou ailleurs dans le monde.

Les gens se divisent en deux catégories : ceux qui ont pris des champignons et sont disqualifiés par le caractère subjectif de leur expérience et ceux qui ne l'ont pas pris et sont disqualifiés par leur totale ignorance.

G. Wasson et R. Heim[51]

51. G. Wasson et R. Heim, « Les champignons hallucinogènes » in Jean-Marie Pelt, *Drogues et plantes magiques*, Fayard, 1983.

Chapitre 8

L'herbe du diable et la petite fumée

Traversons le détroit de Béring et passons chez les Amérindiens.

Castaneda : L'Herbe du diable et la petite fumée

Carlos Castaneda (né en 1925 à Cajamarca, au Pérou, et mort en 1998) lança la mode du chamanisme avec son célèbre ouvrage *L'Herbe du diable et la petite fumée* paru en 1968 et présenté comme une œuvre ethnographique relatant son initiation par un sorcier yaqui de la province de Sonora, nommé don Juan, qu'il avait rencontré en 1960, mais qui le prit comme apprenti un an plus tard soit en juin 1961. La dernière séance eut lieu en septembre 1965.

Son livre, décrivant toutes ses expériences successives, datées de sa première séance à la dernière, le tout s'étalant sur quatre ans, lui valut son doctorat en 1973.

Mais plus tard, certains affirmèrent qu'il ne s'agissait que d'un roman presque totalement imaginé. Toutefois, on trouve à plusieurs reprises le récit de certaines expériences, qui ne peuvent avoir été inventées. Nombreux sont les lecteurs qui se souviennent encore aujourd'hui de l'expérience de l'auteur au tout début de l'histoire, cherchant sur l'injonction de son maître « l'endroit » de la surface du plancher d'une partie de la maison qui devait être « son » endroit.

Dans cet ouvrage, Castaneda exalte, dit-on, la prise d'hallucinogènes comme source d'enrichissement spirituel. Il s'agit de « l'herbe du diable » que son guide lui fait mâcher et de la « petite fumée » que l'on fume dans une pipe[52].

Avant que l'on en dénonce l'inauthenticité, le livre avait fait un immense succès et avait été suivi d'autres livres, soit douze en tout, douze livres autobiographiques, tous des best-sellers. Le monde dorénavant s'intéressait aux chamans amérindiens.

52. Carlos Castaneda, *L'Herbe du diable et la petite fumée.* éditions Christian Bourgois, Paris, 1993.

L'herbe du diable est le peyotl, un petit cactus, dont on mâche les boutons. Il ne produit pas d'accoutumance. Il est considéré comme la nourriture de l'esprit, tandis que le maïs et le daim sont la nourriture du corps. Mais c'est aussi le datura. La petite fumée est issue d'un mélange secret de plantes que l'on fume dans une pipe.

L'apprentissage du guerrier ou l'accès à la connaissance

Ce récit se présente en fait comme l'apprentissage d'un guerrier spirituel comme le montre bien le langage du sorcier yaqui sans oublier les nombreuses épreuves : marches forcées dans le froid, insomnies, hallucinations, vomissements etc.

Rappelons que le premier but du chaman est d'acquérir un savoir. Mais pour commencer, dit le sorcier yaqui, on n'est jamais un homme de savoir vraiment. On ne le devient que pour un bref instant, après avoir vaincu les quatre ennemis naturels. De la sorte, l'apprenti chaman devient comme un champ de bataille.

Les quatre ennemis du chaman sur le chemin de la connaissance

La peur

Le premier des quatre ennemis est la peur. Il ne faut pas s'enfuir devant elle, mais la vaincre, la défier, s'y confronter et avancer dans le savoir pas à pas.

La clarté

Le deuxième est la clarté. Or la clarté d'esprit, si elle dissipe la peur, aveugle. Elle illusionne sur soi-même. On ne doute plus et on n'avance plus. Le futur chaman doit comprendre que cette clarté n'est qu'un point devant le regard.

Le pouvoir

Le troisième ennemi est le pouvoir. C'est le plus dangereux, car on ne le remarque pas toujours. Le chaman doit comprendre que cette puissance ne sera en fait jamais à lui. Il doit se dominer à chaque instant, manier avec précaution et fidélité tout ce qu'il a appris.

La vieillesse

Le quatrième est la vieillesse, le plus cruel de tous : on est pris par le désir opiniâtre de se reposer et ce désir de retraite, si on s'y laisse aller, obscurcira la clarté, la puissance et le savoir.

Mais :

Si l'homme cependant surmonte sa fatigue et accomplit son destin,
on pourra vraiment l'appeler homme de savoir, même s'il n'a pu
qu'un bref moment repousser son dernier ennemi invincible.
Ce moment de clarté, de puissance et de savoir aura suffi.

G. Wasson et les effets du champignon « éboulement »

Outre le fruit en pomme épineuse de datura, une plante herbacée que les Aztèques utilisaient pour leurs rites chamaniques et le peyotl, un cactus, il y a aussi, pour accéder au savoir, les champignons sacrés, comme celui nommé « chair des dieux » (*teonanácatl*) et connu aujourd'hui en Occident sous le nom de *Psilocybe mexicana*.

Il fut découvert par les Occidentaux dans les années 1950.

En 1953, l'américain Robert Gordon Wasson part au Mexique avec sa femme Valentina Pavlova Guercken, médecin pédiatre, et en 1955, ils deviennent les premiers Occidentaux admis à participer au rituel mazatèque du champignon sacré. Wasson y emmène ensuite un ami photographe, et sa fille âgée de dix-neuf ans en fera également l'expérience.

En 1957, Wasson publie un article intitulé *Seeking the magic mushroom* dans le magazine *Life* et dévoile – alors qu'il lui avait promis le secret – le nom de son initiatrice, sa *curandera* (maîtresse des cérémonies), Doña Maria Sabina, une « sage », ce qui causera à cette dernière le plus grand tort (sa maison sera brûlée et les villageois verront débarquer des touristes et des policiers).

En 1958 (année du décès prématuré de son épouse), donc avant le premier livre de Castaneda, Wasson sort un livre intitulé *Les Champignons hallucinogènes du Mexique*[53] en collaboration avec R. Heim, mycologue français et professeur au Museum national d'histoire naturelle.

Grâce aux échantillons de champignons rapportés du Mexique et confiés par Heim à Albert Hoffmann, celui-ci en isole la psilocine.

L'article paru dans *Life* aux États-Unis, puis le livre paru en français, font découvrir aux Occidentaux ce que peut être un « voyage chamanique ».

Dans son livre, G. Wasson relate leur première extase et l'on comprend pourquoi le champignon « chair des dieux » se nomme également « éboulement » :

La sortie de l'âme hors du corps

Mon corps me semblait avoir été vidé de mon âme
et celle-ci transportée en un point flottant dans l'espace,
laissant en arrière son enveloppe d'argile. « Éboulement »,
l'appellation des Mazatèques pour ce champignon, m'avait semblé
auparavant bizarre ; maintenant son exactitude est évidente.
Nos corps étaient étendus là, tandis que nos âmes s'élevaient.
Nous avions des nausées… mais cela était sans importance.

53. G. Wasson et R. Heim, *op. cit.* article qu'on pourrait traduire « À la recherche du champignon magique ».

Les visions au cours du mouvement ascensionnel de l'âme

Nous nous sentions en présence des Idées dont Platon a parlé. Toutefois, il ne faut pas que le lecteur pense que nous nous livrons à la rhétorique, nous efforçant d'attirer son attention par une extravagante tournure de langage. Pour tout le monde, nos visions étaient et doivent rester des hallucinations. Mais pour nous, elles n'étaient pas des suggestions fausses ou ténébreuses de choses réelles, des fictions dues à une imagination troublée. Ce que nous voyions, nous le savions, était la seule vérité dont les contreparties de chaque jour ne sont que de simples images imparfaites… Quelle que soit leur origine, le fait brusque et saisissant reste que nos visions étaient de sens plus clair, supérieures dans tous leurs attributs, s'imposaient davantage… que ce qui passe pour être la réalité du monde.

Ils arrivent enfin à l'extase. Ils pensent arriver à la dernière porte de la Connaissance. Va-t-elle s'ouvrir ?

J'eus l'impression que j'allais voler vers ces portes comme une hirondelle vers un phare éblouissant et qu'elles allaient me livrer passage. Mais elles ne s'ouvrirent pas et avec un bruit sourd je tombai en arrière haletant. J'étais déçu mais aussi effrayé et à demi soulagé de ne pas m'être trouvé devant l'Ineffable.

On pense à ceux qui accèdent à la même étape, lors de méditations profondes. Le symbole de la porte étant récurrent et d'ailleurs repris dans les sociétés initiatiques telle la franc-maçonnerie. Il est ainsi, dans l'un de ses rituels, une porte que l'on ne peut franchir, tant qu'on n'a pas continué de chercher.

Dans l'histoire de Wasson, on est loin de la route suivie par Castaneda.

Il a suffi à Wasson de demander au chef du village dans les montagnes près d'Oaxaca la possibilité d'aller voir un chaman. Bienveillant, le chef du village le conduisit d'abord à un endroit où se trouvaient des champignons hallucinogènes, les cueillit et les donna à Wasson qui put ainsi aller les offrir à sa future initiatrice. Celle-ci, très heureuse du cadeau, lui fit donc consommer les champignons. Et Wasson fit son « voyage ».

Par ailleurs, Wasson, dans le même ouvrage, nous donne son témoignage concernant une étonnante séance de divination faite par un Indien mexicain ayant pris de ces champignons, la divination faisant partie des « pouvoirs » du chaman, bien que ce « pouvoir » soit nié par certains : le chaman ne ferait que tenter d'avoir une influence sur les événements par l'intermédiaire des esprits !

Pourtant, le récit fait par Wasson confirme ce pouvoir : à la fois la télépathie (voyance dans le présent) et la précognition (voyance hors du temps présent).

Un témoignage de divination chamanique

La séance s'effectue dans l'obscurité (comme toujours quand il s'agit d'un rituel chamanique). Le chaman est assis sur une chaise. Un orage éclate. Aurelio – c'est le nom du chaman – crache dans ses mains, les frotte l'une contre l'autre et demande où Wasson et sa femme ont laissé leur fils Pierre et dans quelle maison. Les deux répondent.

Le chaman annonce alors que Pierre est en vie dans une ville étrange et grande et qu'on cherche à l'envoyer à la guerre. Il est possible qu'on n'y parvienne pas, dit-il, et il est question de l'Allemagne.

Puis il déclare que Pierre est à New York et non à Boston, qu'il a des tracas, auxquels il peut à peine tenir tête et qu'il ne sait comment prévenir ses parents. Il termine la séance et autorise les Wasson à fumer. Un silence. Puis, soudain, Aurelio déclare qu'un des parents de Wasson va tomber gravement malade.

Fin de la séance.

Wasson et sa femme rentrent à New York et trouvent dans leur appartement les restes d'une soirée que Pierre y avait passée avec des amis ainsi que les factures des fournisseurs portant la date du 15-16 août, date de la divination.

Quant à la prédiction pour l'armée, Wasson, qui se trouvait en voyage d'affaires à Genève le 3 octobre, reçoit un télégramme lui annonçant la décision de Pierre de s'enrôler dans l'armée régulière pour trois ans. Enfin, quelques mois plus tard, il apprend que l'armée envoyait son fils, non pas au Japon, comme cela aurait été logique, mais en Allemagne.

Pour finir, au début de l'année suivante, il apprend que l'un de ses cousins germains, âgé de quarante ans et en pleine vitalité, venait de succomber subitement à une crise cardiaque.

Certes, une bonne voyante en Occident aurait fait aussi bien, mais là, il ne s'agissait pas d'un voyant professionnel mais d'un chaman qui avait ingéré la « chair des dieux » et répondait pour faire plaisir à ses hôtes.

Pour en finir avec les découvertes de Wasson, notons que ce dernier s'intéressa aussi, toujours chez les Mazatèques, à la *Salvia divinorum*, la sauge des devins.

Tournons-nous maintenant vers René Guénon, qui semble donner au chamanisme sa dimension métaphysique.

Le point de vue de René Guénon : La connaissance métaphysique des chamans

Jusqu'au milieu du XXe siècle, aucun chercheur ne se préoccupait de la connaissance métaphysique sous-tendant le chamanisme : Pourquoi un Grand Esprit et des esprits animaux, végétaux et minéraux ? Ce ne pouvait être que des superstitions issues de peuples primitifs et ignorants.

C'est René Guénon qui, en peu de phrases, redonna sa dimension métaphysique au monde des chamans dans son livre *Le Règne de la quantité et le signe des temps*[54] paru en 1945, et plus précisément dans son chapitre sur le chamanisme.

Le monde matérialiste de l'Occident

À cette époque charnière, l'humanité quittait à peine le monde matérialiste de Descartes dans cette Europe très chrétienne et très arrogante, mais pourtant bien éloignée de ses racines judéo-chrétiennes.

Rappelons donc quel était ce monde, dont certains peinent encore à sortir.

Il commence au milieu du XIIIe siècle avec Thomas d'Aquin, pour qui l'homme est le centre du monde et le sommet de la création. Seul l'homme a une âme et sera sauvé. Le monde animal n'est là que pour l'usage de l'homme : « Si Dieu conserve la vie des animaux et des plantes, ce n'est pas pour elle-même mais pour l'usage de l'homme » (*Somme théologique*).

Mais ce n'est que le début de la rupture avec la compréhension de la nature. Elle s'accélère. L'Occident entre dans l'ère de la science, telle qu'il la conçoit : objective, séparant le sujet (l'observateur), de l'objet (la nature). Seule la science peut exprimer sa prétention à être en mesure de rendre compte du réel. « Plus de contact entre ce réel aisément perceptible et l'au-delà » : c'est le début du positivisme occidental.

Au XVIIe siècle, dans le christianisme occidental, seule est affirmée la transcendance mais **l'immanence disparaît**.

Avec Descartes, les animaux deviennent des machines, comparables à une horloge composée de roues et de ressorts. **La nature, c'est la matière** :

Sachez que par la nature je n'entends pas (...)
quelque déesse imaginaire ou quelque autre de puissance imaginaire,
mais que je me sers de ce mot pour désigner la matière même.

Et voilà où on en arrive : le philosophe, prêtre et théologien (oui, théologien) Malebranche (1638-1715) écrit :

54. René Guénon, *Le Règne de la quantité et le signe des temps*, éditions Gallimard NRF, 2013.

Les animaux mangent sans plaisir ; ils crient sans douleur ;
ils croissent sans le savoir ; ils ne désirent rien,
ne craignent, ne connaissent rien.

Il est vrai qu'un siècle plus tôt, il en était de même des enfants, dont l'état « était le plus vil et le plus abject de la nature humaine après celui de la mort ». Ainsi écrivait le cardinal Pierre de Bérulle, une des figures majeures de la réforme catholique du XVIIe siècle…

La mise au point de Guénon

Voyons maintenant la mise au point de René Guénon en réponse à Descartes et à sa nature désignant la matière :

Il nous faut ici avant tout dissiper encore une confusion
et une erreur d'interprétation dues à la mentalité moderne :
l'idée qu'il existe des choses purement « matérielles »,
conception exclusivement propre à celle-ci.

Il reprend son idée et écrit que cette conception « n'est au fond (…) rien d'autre que l'idée qu'il existe des êtres et des choses qui ne sont que corporels et dont l'existence et la constitution n'impliquent aucun élément d'un ordre autre que celui-là ».

Il s'agit là, continue-t-il, d'une idée profane : une idée profane sous sa forme la plus complète dans les sciences actuelles, car elles se caractérisent par « l'absence de tout rattachement à des principes d'ordre supérieur ».

Ainsi, « les choses qu'elles prennent pour objet de leur étude doivent être elles-mêmes conçues comme dépourvues d'un tel rattachement. **De la sorte, la vraie nature de ces objets lui échappe.** »

C'est la raison pour laquelle la grande majorité de nos contemporains, en particulier les ethnologues, considèrent les conceptions chamaniques comme superstitieuses et primitives.

« Le monde corporel, ajoute-t-il, ne peut être considéré comme un tout se suffisant à lui-même, ni comme quelque chose d'isolé dans la manifestation universelle. (…) Il procède tout entier de l'ordre subtil dans lequel il a son principe immédiat et par l'intermédiaire duquel il se rattache de proche en proche à la manifestation informelle puis au non-manifesté. »

En toute logique, il ne peut exister d'objets inanimés

Guénon conclut que la vie est une des conditions auxquelles est soumise toute existence corporelle sans exception et on ne peut donc distinguer le vivant du non-vivant. C'est pourquoi si l'on considère le chamanisme, on y constate l'existence d'une cosmologie très développée. Et en fait, si l'on veut considérer le chamanisme comme une conception primitive, oui elle est primitive, en ce sens qu'elle est vraie.

Nous pourrions ajouter que le chamanisme a gardé des connaissances telles que celles que l'on trouve dans la Bible, dans l'Ancien et le Nouveau Testament, qui ne disent pas autre chose en ce qui concerne la nature.

Le chamanisme dans la Bible

Dans l'Ancien Testament comme dans le Nouveau, tous les êtres sont conviés à célébrer leur Élohim, c'est le cas pour toute la nature et tous les êtres qui peuplent la Terre et les Cieux.

Dans l'Ancien Testament

Louez l'Éternel dans les sphères célestes, Ciels ;
louez-le dans les régions supérieures. Louez-le, vous tous,
ses anges, louez-le, vous, ses milices. Louez-le,
vous, Soleil et Lune... Louez-le, vous toutes, étoiles lumineuses.
Louez-le, cieux des cieux et vous, eaux supérieures,
au-dessus des cieux. (Psaume 148).

On remarquera au passage l'analogie entre les anges et leurs milices d'une part et les esprits et leurs clans d'autre part.

Mais ce n'est pas tout, le Psaume continue :

Que tous les êtres louent le nom de l'Éternel
car il a ordonné et ils furent créés. Il les maintient
jusque dans l'Éternité ; il leur a tracé des lois qui sont immuables.
Louez l'Éternel sur toute l'étendue de la terre : monstres marins
et vagues profondes, foudre et grêle, neige et brouillard,
vents de tempête chargés d'exécuter ses ordres. Montagnes et collines
toutes ensemble, arbres fruitiers et cèdres réunis : bêtes sauvages
et animaux domestiques, reptiles, oiseaux ailés, rois de la terre
et vous tous, ô peuples, princes et juges de la terre, jeunes gens
et vierges, vieillards de concert avec les adolescents ;
célébrez le nom de l'Éternel.

Pas de hiérarchie, l'homme s'intègre dans la nature sur un pied d'égalité avec les vagues, les vents, les animaux, les arbres.

Dans le Nouveau Testament

Dans le Nouveau Testament, on trouve la même chose à plusieurs reprises.

Dans l'Apocalypse, toutes les créatures célèbrent l'Agneau :

Toute créature au Ciel, sur la Terre, sous la Mer,
je les entends dire à celui qui est assis sur le trône
et à l'Agneau la bénédiction, l'honneur, la gloire.

Chez Paul, dans l'Épître aux Romains (VIII, 19, 22, 23), on trouve :

La création en attente aspire à la révélation des fils de Dieu. (...)
Toute la création jusqu'à ce jour gémit du travail de l'enfantement.

Mille ans plus tard, saint François d'Assise

Ainsi, saint François d'Assise n'a rien inventé, mais il n'a pas oublié ses racines. Il écrivait :

Loué sois-tu mon Seigneur avec toutes tes créatures
Spécialement Messire frère Soleil
Qui donne le jour et par qui tu nous éclaires
(...) Loué sois-tu mon Seigneur pour sœur Lune et pour les étoiles
Dans le ciel tu les as créées, claires, précieuses et belles.

Il prêchait aux oiseaux :

Mes frères les oiseaux, vous devez beaucoup louer le Seigneur...

La croix du sauveur symbolise donc l'immanence divine, qui s'étend dans toutes les profondeurs de l'univers, au cœur de toutes les créatures, des plus grandes au plus petites.

Ce que disaient les Amérindiens

Leur rapport fusionnel avec la nature

Le Grand Esprit ou le *Wakan Tanka* (Grand Mystère) des Amérindiens est à l'origine de toute chose et la nature, qu'il a créée, est peuplée d'une multitude de forces spirituelles.

Le Grand Esprit a fait une terre, des grains, des fruits, du gibier et a appris aux hommes où trouver les herbes et comment les préparer pour en faire des remèdes.

L'Indien Smohalla et l'Esprit de la Terre mère

Voici le texte repris partout, si célèbre, de l'indien Smohalla (1815/20-1895) :

Vous me demandez de labourer la terre ?
Dois-je prendre un couteau et déchirer le sein de ma mère ?
Mais quand je mourrai, qui me prendra dans son sein pour reposer ?
Vous me demandez de creuser pour chercher la pierre :
dois-je aller sous sa peau pour chercher ses os ?
Mais quand je mourrai, dans quel corps pourrai-je entrer pour renaître ?
Vous me demandez de couper l'herbe, de la faner et de la revendre
et devenir riche comme les hommes blancs.
Allons, comment oserais-je couper les cheveux de ma mère[55] *?*

55. T.C. McLuhan et Edward Curtis, *Pieds nus sur la terre sacrée*, éditions Denoël, Paris, 1974.

Pour les Indiens, derrière chaque animal, chaque plante, chaque pierre vit un esprit qui lui parle et auquel il parle.

Ils ont le plus grand respect pour la nature. Ce sont de vrais écologistes avant la lettre.

Ils sont horrifiés par les exactions de l'homme blanc sur leurs terres.

Ainsi parlait une vieille sage wintu[56] :

L'homme blanc retourne le sol, abat les arbres, détruit tout. L'arbre dit : « Arrête, je suis blessé, tu me fais mal. » Mais il l'abat et le débite.

L'esprit de la terre le hait. Il arrache les arbres et les ébranle jusqu'à leurs racines. Il scie les arbres et cela leur fait mal. Les Indiens ne font jamais de mal, alors que l'homme blanc détruit tout. Il fait exploser les rochers et les laisse épars sur le sol. La roche dit « tu me fais mal » mais l'homme blanc n'y fait pas attention. Quand les Indiens utilisent les pierres, ils les prennent petites et rondes pour y faire leur feu… Comment l'esprit de la terre pourrait-il aimer l'homme blanc ? Partout où il le touche, il laisse une plaie.

On ne peut s'empêcher aujourd'hui de penser à l'avidité des humains creusant la croûte terrestre pour obtenir le gaz de schiste et l'on pense à la colère de la Terre qui ne fait que commencer à se manifester.

À propos de la coupe des arbres, on notera que l'on retrouve la même attitude respectueuse de la nature chez les Compagnons du Devoir.

Il n'y a pas si longtemps, quand il fut décidé de construire l'Hermione et que l'on ouvrit le chantier en 1997, il fallut couper des chênes en grande quantité (1 160 m^3 de chênes). Cependant, on ne procéda pas n'importe comment, mais selon un rituel auquel aucun profane ne fut convié. Ce rituel était là pour respecter les chênes dans un esprit bien proche de celui du chamanisme.

Liberté : maître mot du chamanisme donné par Adario, un chef huron du XVIIe siècle

Suis mon conseil et deviens Huron. Je vois clairement la profonde différence entre ta condition et la mienne. Je suis le maître de ma condition ; je suis le maître de mon corps ; j'ai l'entière disposition de moi-même, je fais ce qu'il me plaît, je suis le premier et le dernier de ma nation, je ne crains absolument aucun homme : je dépends seulement du Grand Esprit. Il n'en est pas de même pour toi. Ton corps aussi bien que ton âme sont condamnés à dépendre de ton capitaine. Tu n'as pas la liberté de faire ce que tu as à l'esprit.

56. Wintu : Indien de la Californie du Nord

*Tu as peur des voleurs, des faux témoins, des assassins
et tu dépends d'une infinité de personnes dont la place
est située au-dessus de la tienne. N'est-ce pas ?*[57]

Oui, n'est-ce pas ? On ne saurait mieux dire, et pourtant, nous voilà quatre siècles après ce Huron.

Cette liberté est la première revendication du chaman d'aujourd'hui.

La liberté de conscience est fondamentale et les peuples à chamans ne sont pas soumis à des dogmes religieux ou à une Église.

On retrouve la même chose en Inde avec Krishnamurti qui s'étonnait devant les nombreuses questions de tous ceux venus le voir de toute la Terre, venant chercher auprès de lui des recettes toutes faites pour trouver la Vérité.

En 1929, aux Pays-Bas à Ommen, il déclara devant un nombreux parterre, renvoyant chacun à sa conscience :

*Je maintiens que la vérité est un pays sans chemin
et que vous ne pouvez l'approcher par une voie quelle qu'elle soit,
ni par aucune religion, ni par aucune secte.*

En 1980, il enfoncera le clou :

*Aucune organisation, aucune foi, nul dogme, prêtre ou rituel,
nulle connaissance philosophique ou technique de psychologie
ne peut y conduire l'homme.*

INFO ! Celui qui suit la voie du chaman n'est soumis à aucun dogme. Il doit apprendre en écoutant la nature.

« Savez-vous que les arbres parlent ? » disait le chef Sealth en 1854. « Ils le font pourtant. Ils se parlent entre eux et ils vous parleront si vous les écoutez. L'ennui avec les Blancs, c'est qu'ils n'écoutent pas. »

Or la science aujourd'hui commence à donner raison aux Indiens. Les arbres comme les autres plantes communiquent entre eux. Ils se parlent suivant leur langage… « un langage chimique », « électrique », dit la science, mais celle-ci ne fait que commencer à le découvrir…

57. Jean-Marie Pelt, *Nature et spiritualité*, Fayard, Paris, 2008.

La matière est de l'esprit. C'est la face visible, condensée, de l'esprit. Alors évidemment l'une influence l'autre parce que l'une et l'autre s'insèrent dans le même continuum, dans la même unité de réalité.

Laurent Huguelit

Chapitre 9

Le chamanisme à la portée de tous

1980, Michael Harner : un manuel de pouvoir et de guérison

Après les livres de Carlos Castaneda, qui firent grand bruit et éveillèrent l'attention des Occidentaux sur le chamanisme des Amérindiens, parut aux États-Unis *La Voie du chamane* de Michael Harner (né en 1929 aux États-Unis) sous-titré *Un manuel de pouvoir et de guérison*. Il fut rapidement traduit en français et parut en France en 1982[58].

À cette époque, six livres de Castaneda avaient déjà vu le jour et les deux hommes s'étaient côtoyés, alors que Castaneda était étudiant en troisième cycle d'anthropologie.

Michael Harner en tout cas n'avait pas attendu Castaneda pour aller écouter l'enseignement des chamans.

C'est à la fin des années 1950 qu'il commença à voyager chez les peuples autochtones du monde entier, pour y étudier et pratiquer le chamanisme, notamment, pour commencer, chez les peuples de haute Amazonie et ceux de la côte nord-ouest des États-Unis. Toutefois, c'est en 1960-1961 qu'il étudia le chamanisme de l'intérieur – en fait à la même époque que les premières expériences de Castaneda – en l'expérimentant à l'aide de la boisson sacrée à base d'*ayahuasca* que les peuples d'Amazonie péruvienne nomment « la petite mort » ou encore « la liane de l'âme ». Cette boisson, préparée avec l'écorce et les tiges de cette plante, est utilisée comme outil de purification lors des rituels de guérison ou pour entrer en transe et pratiquer la divination.

Au cours de sa première transe provoquée par l'*ayahuasca* chez les Conibos en Colombie, Harner découvre des créatures reptiliennes. Il les voit tantôt au sein des couches les plus profondes de l'arrière de son cerveau, tantôt sur la Terre avant l'apparition de l'homme et venant de l'espace. Puis il se sent mourir. Il arrive à prononcer le mot « médicament » et les Indiens lui ouvrent la bouche et lui font avaler l'antidote.

58. Michael Harner, *La Voie du chamane*, Mama Éditions, Paris, 2011.

Toujours avec les Conibos, il apprend ensuite à faire les voyages dans le Monde d'en-bas.

Puis il se rend chez les Jivaros, en Colombie, dans la cordillère des Andes, à Macas, au pied du grand volcan en activité, le Sangay. Là, après une marche éprouvante, il prend une boisson au datura sous la surveillance des Jivaros. Il voit encore des créatures reptiliennes. Ensuite, les Jivaros lui enseignent à acquérir des esprits alliés afin de pouvoir, grâce à eux, guérir les maladies. Nouveau chaman, il recueille dans ce but des insectes, des plantes et des objets (tous suffisamment petits pour être avalés) qui deviendront des esprits alliés. Une fois qu'il est passé en état de conscience chamanique, ces esprits alliés se manifesteront à lui sous leurs formes cachées ou immatérielles : jaguars, serpents, singes, oiseaux, etc.

Après les Conibos et les Jivaros, Harner se rend dans d'autres groupes de chamans comme les Sioux Lakota du sud du Dakota et apprend avec eux comment le chamanisme pouvait être pratiqué avec succès sans utiliser ni l'*ayahuasca*, ni les autres drogues.

En 1979, Harner crée le *Center for Shamanic Research.* Dans le programme de recherches du centre, il intègre les plantes hallucinogènes.

Mais en 1987, il quitte sa carrière universitaire et rebaptise le centre *Foundation for Shamanic Studies* (FSS) qu'il préside. Il n'y a plus de référence aux hallucinogènes. Harner remplace les plantes *enthéogènes* (permettant d'entrer en « contact avec le divin », mot créé par Wasson) par le tambour et le hochet.

La FSS se développe et organise aujourd'hui des séminaires, comptant sur des branches dans différents pays. C'est ainsi que le chamanisme et ses techniques, telles que les préconise Harner, sont enseignées un peu partout dans le monde depuis une trentaine d'années.

Dans les pays francophones, Laurent Huguelit, auteur avec Olivier Chambon du livre *Le Chaman et le Psy*[59], est responsable des stages de la FSS pour la France.

Michael Harner met le chamanisme à la portée de tous, le désacralisant par la même occasion. Pour lui, tout le monde peut devenir chaman et même entraîneur de chaman, alors que chez les autochtones, seuls quelques individus sont considérés comme ayant les aptitudes chamaniques et, pour devenir un chaman accompli, il faut des années, voire des dizaines d'années d'apprentissage.

On notera ainsi que dans *L'Herbe et la petite fumée,* Castaneda, qui décrivait son initiation par un chaman, dut attendre une année, période d'attente imposée par le chaman qui souhaitait s'assurer de la qualification de son « élève », conformément à la pratique des chamans amérindiens.

59. Laurent Huguelit et Olivier Chambon, *Le Chaman et le Psy*, Mama Éditions, Paris, 2011.

Enfin, à la lecture de son livre *Le Voyage à Ixtlan*, sous-titré *Les Leçons de don Juan*, on apprend que c'est en 1971 que Castaneda rend sa dernière visite d'apprenti à don Juan, soit dix ans après la première, et que c'est alors seulement que son apprentissage est terminé.

Par ailleurs, on l'avait remarqué en lisant le titre de son livre, Michael Harner met en avant deux thèmes : « pouvoir » et « guérison ». Or, si le thème du pouvoir était au cœur des livres de Castaneda, chez ce dernier le chaman en tant qu'« homme-médecine » n'apparaît pas.

Harner, qui défend Castaneda, fait remarquer que, si ce dernier ne met pas l'accent sur les soins, bien qu'il s'agisse de l'une des tâches les plus importantes du chaman, « cela s'explique peut-être par le fait que Don Juan – son enseignant – est fondamentalement engagé dans une forme de chamanisme guerrier (ou sorcier) ».

Il en profite d'ailleurs pour régler leur compte aux critiques hostiles à l'encontre de l'œuvre de Castaneda : « Les personnes les plus hostiles envers le concept de la réalité non-ordinaire sont celles qui ne l'ont jamais expérimentée. » Cette position, ajoute-t-il, pourrait être appelée « cognicentrisme ». On pourrait ajouter que Castaneda avait respecté le désir de son guide en ne dévoilant pas son identité, contrairement à Wasson. C'est la raison pour laquelle ses détracteurs ont cru pouvoir affirmer que le sorcier yaqui de Castaneda n'existait pas...

De plus, on le verra dans le chapitre 11, le chaman devant effacer « sa vie personnelle », il était normal que don Juan ait tout fait pour ne pas être donné en pâture aux médias ou à qui que ce soit.

Le chamanisme, une voie spirituelle universelle

Michael Harner définit un *core shamanism*, soit un « chamanisme de base ou essentiel », c'est-à-dire qu'il dégage les bases communes des différentes pratiques détachées de leurs références culturelles locales, de manière à être adoptées partout. Car le chamanisme en réalité n'appartient à aucune culture. Il fait partie du patrimoine de l'humanité depuis des dizaines de milliers d'années.

Le chamanisme, dit Harner, est le « chemin spirituel le plus ancien sur la planète Terre... Il nous garde connectés avec la Terre mère et toute créature ».

C'est pourquoi il dédie sa fondation « à la préservation, à l'étude et à l'enseignement du savoir chamanique pour le bien-être de la planète et de ses habitants ». Il ajoute : « Les programmes de formation au *core shamanism* ont été soigneusement définis et testés pour procurer une expérience chamanique authentique et des résultats pratiques. »

Une alliance avec la nature

En effet, on l'avait compris à travers les voix des Amérindiens, comme celles de la vieille sage Wintu, de l'Indien Smohalla ou celle d'Adario le chef huron, les chamans ont le plus parfait respect de la Terre et de la nature tout entière. Ce sont les premiers et les vrais écologistes.

Ceux qui souhaitent entrer dans la voie du chamanisme doivent avant toute chose aimer viscéralement de tout leur être la nature et tous ses habitants, animaux, végétaux et minéraux. Comprendre l'interdépendance de tous les vivants et comprendre que tout ce qui est, est vivant.

Mais le chamanisme à son tour induit, pour celui qui le pratique, la révérence pour les autres êtres de la Terre, pour la Terre elle-même et une communication spirituelle avec eux. On pourrait même dire que durant la transe chamanique, il se produit une véritable communion spirituelle réciproque avec les plantes, les ruisseaux, les animaux, l'air, les rochers…

L'accès à des états de conscience chamaniques

Le chamanisme permet d'accéder à de nouveaux « états de conscience » que l'on peut qualifier d'états « altérés » ou « modifiés », états que l'on associe à des valeurs d'ordre spirituel. On parlera donc plutôt d'un « état de conscience supérieur » ou, mieux encore, de manière plus spécifique, d'« état de conscience chamanique » (ECC) par rapport à l'état de conscience ordinaire (ECO).

Cet état fait évidemment référence à des états tels que ceux décrits par Wasson dans son livre sur les champignons (voir chapitre précédent) lorsque, son enveloppe corporelle se désagrégeant comme un pot d'argile cassé, son esprit s'envola vers la connaissance.

La pratique telle que la préconise M. Harner vise donc à atteindre cet état de conscience chamanique qui permet d'avoir accès à une réalité non ordinaire, source de connaissance et de pouvoir. Cette connaissance est en rapport avec celle des esprits – les esprits de la nature : esprits des minéraux, de l'Air, de l'Eau, de la Terre, du Feu, des végétaux, des animaux.

Chez les Amérindiens, les esprits animaux parlent entre eux et ont des rites.

Le chaman peut être un homme ou une femme.

Sa force lui vient essentiellement de son alliance avec les esprits, qu'il doit pouvoir invoquer à tout moment.

On ne naît pas chaman, on le devient. Souvent, le futur chaman est investi par un esprit qui lui confère des pouvoirs. Un caractère méditatif et introverti, ou encore des crises mystiques, sont généralement considérés comme des prédispositions. L'exercice du jeûne et la vision sont les bases du métier que l'apprenti chaman acquiert auprès d'un chaman instructeur.

Les tambours chamaniques des Amérindiens

Le chaman amérindien utilise, comme son homologue sibérien, un tambour.

En fait, la musique et les sons tiennent une grande place dans les techniques du chamanisme amérindien. Les vibrations du tambour ou du hochet appellent les esprits et accentuent la transe pendant laquelle le chaman quitte son corps pour aller dans l'au-delà.

Le hochet est en général une courge évidée et remplie de pierres.

Quant aux tambours, il en existe deux sortes :

L'un a une peau tendue sur des cercles de bois.

Il comprend, en travers, un tendon ou des ficelles reliées à une poignée et des morceaux d'os ou des coquillages qui sont plantés entre les nœuds : ils vibrent en même temps que le tambour, lorsque la baguette de bois frappe la peau.

L'autre, plus simple, est un gros tambour à deux peaux.

C'est celui qu'utilise personnellement Michael Harner.

L'un comme l'autre sont ornés de symboles, comme la représentation d'un esprit que le chaman a rencontré dans l'au-delà. On peut voir par exemple un symbole représenté sur la peau d'un tambour peint à la main (fig. 17).

Figure 17

Quel que soit le tambour utilisé, il est fondamental. Il est considéré par le chaman comme un être vivant, à tel point que chez certaines tribus, on appelle le chaman la « personne au son du tambour ».

Le chant du tambour appelle les esprits

Je suis assis et je joue du tambour et par sa voix j'appelle les bêtes des montagnes. Les grandes tempêtes écoutent elles aussi mon tambour. Je suis assis et je joue du tambour et la tempête et le tonnerre répondent à sa voix. Le grand tourbillon cesse de mugir pour écouter les sons de mon tambour. Je suis assis et je joue du tambour et l'esprit de l'air de la nuit vient et écoute les sons de mon tambour. Même le grand oiseau du vent cesse de battre des ailes pour écouter sa voix[60].

La connaissance chamanique est en rapport avec les esprits

Le chaman est donc une personne qui travaille en état modifié de conscience avec les esprits. Michael Harner écrit :

Le chamanisme est une voie de savoir, non de foi, et ce savoir ne peut venir ni de moi ni de personne d'autre dans cette réalité. Pour acquérir ce savoir, y compris le ***savoir sur la réalité des esprits****, il est nécessaire de franchir la porte du chamanisme et d'acquérir une évidence empirique.*

Le chaman est un homme libre

Laurent Huguelit, dans sa préface au livre de M. Harner, écrit que si nombreux sont ceux qui s'intéressent au chamanisme, c'est que ces personnes ont délaissé l'âge de la foi ; qu'elles « ne croient plus que les dogmes et autorités ecclésiastiques puissent leur fournir une preuve adéquate de l'existence de la réalité des mondes spirituels ou même du fait que l'esprit existe ».

Il ajoute que « les enfants de l'âge de la science [...] préfèrent parvenir par eux-mêmes expérimentalement à leurs propres conclusions sur la nature et les limites de la réalité. »

Ainsi, celui qui pratique le chamanisme se libère, s'il ne l'a déjà fait, des dogmes religieux, quels qu'ils soient.

60. *Mythes et croyances du monde entier*, *op.cit.*

Le chaman est un thérapeute

Cela fait partie de ses pouvoirs, mais ces pouvoirs sont ceux des esprits auxquels il fait appel.

Un exemple de thérapie chamanique

Il s'agit d'un témoignage, le mien. Il concerne une thérapie chamanique exécutée par Mario Mercier qui me fut rapportée par la malade elle-même en 1982.

À cette époque, Mario Mercier emmenait dans l'arrière-pays niçois un petit groupe d'hommes et de femmes qui s'intéressait au chamanisme.

Il les mettait en contact avec la nature, avec les arbres, les plantes, le ciel, la terre, les nuages, les éclairs, le tonnerre, l'eau. Il appelait le vent et le faisait tourner autour des arbres.

C'est l'une des jeunes femmes du groupe qui travaillait pour la télévision qui me raconta l'histoire qu'elle avait vécue. Elle était malade et les médecins ne pouvaient la guérir. Elle s'en était plainte auprès de Mario, qui lui répondit qu'il allait s'en occuper.

Quelques jours plus tard, la jeune femme fut réveillée au milieu de son sommeil au cœur de la nuit. Elle s'assied et voit avec stupeur une armada de petits insectes sortir à la queue leu leu de ses avant-bras. Selon elle, cela dura un bon moment. Ils ressemblaient à des cafards ou à des araignées. Ils étaient petits, avec de nombreuses petites pattes fines. Ils sortaient, sortaient, et descendaient le long de ses bras. Puis, finalement, ils disparurent.

Le lendemain, me dit-elle, elle était guérie. Toutes ses douleurs s'étaient envolées avec les petits insectes.

Ainsi, elle a été guérie à distance par Mario, le chaman.

Celui-ci, dans un de ses récents ouvrages, *L'Esprit en liberté*[61], nous parle d'autres chamans et de leurs pouvoirs étonnants, comme ceux d'un certain Paco : « Il y a Paco, écrit-il, qui, en relation magique avec l'esprit du feu, peut en se concentrant et en entrant en rapport avec lui, allumer un feu à distance dans un foyer qu'il fait construire par d'autres personnes afin de montrer qu'il ne fraude pas. »

61. Mario Mercier, *L'Esprit en liberté*, éditions Regard et Voir, Paris, 2013.

Il cite aussi un certain Félix, qui hypnotise les bêtes venimeuses, ou encore Micheline O., qui sait lire dans les âmes comme dans un livre, et il conclut :

La vision, la divination, les voyages en esprit, le dialogue avec le monde, le combat contre les forces négatives, la quête des énergies* [...] *sont leur démarche au quotidien.

Quant à la technique chamanique de guérison utilisée par Mario Mercier avec les petits insectes, elle fait référence à ce que Michael Harner appelle « l'extraction des intrusions de pouvoir nuisibles » dans son livre *La Voie du chaman*. Autrement dit, il s'agit d'« extraire les esprits malins du patient », selon d'ailleurs une expression empruntée à Mircea Eliade[62].

La maladie due à l'intrusion de pouvoir se manifeste par des symptômes tels qu'une douleur ou un inconfort localisé, souvent accompagné de fièvre. On peut comparer ces intrusions, écrit-il, à une maladie contagieuse, à une infection.

Toutefois, il ajoute prudemment que l'on devrait traiter une telle « maladie » à la fois par des moyens médicaux classiques et par des méthodes chamaniques.

Pour ce faire, le chaman peut aspirer hors du corps du patient les esprits nuisibles qui peuvent prendre la forme de petites araignées lorsqu'il est en ECC (dans l'État de Conscience Chamanique). C'est donc ainsi que le chaman peut les voir et que la personne peut être soignée.

En pratique, le chaman, s'étant mis en ECC, alerte ses esprits alliés pour qu'ils l'aident à extraire les intrusions de pouvoir du patient. Pour cela, il peut entonner un chant de pouvoir. Il entreprend son voyage chamanique. Il descend dans le Monde d'en bas à l'aide de l'obscurité et des battements du tambour ou de la fumée d'une plante.

Là, il va trouver les esprits nuisibles. Ceux-ci se présentent généralement sous la forme d'insectes possédant des crochets ou des dents, ou semblables à de petites araignées.

Aidé des esprits alliés, il les extrait du corps du patient.

62. Mircea Eliade, *Le Chamanisme et les techniques archaïques de l'extase*, éditions Payot, Paris, 2015.

Il peut agir directement sur le corps du patient. Dans ce cas, le chaman interrompt son voyage, quitte sa position couchée, se met à genoux et opère sur le corps du patient allongé sur le dos. Il passe sa main au-dessus du corps du malade et cherche les esprits nuisibles. Une fois ces derniers localisés, avec l'aide de ses esprits alliés, il les aspire par la bouche et les recrache dans un récipient disposé sur le sol à cet effet.

Il peut aussi agir à distance, comme l'a fait Mario Mercier : en fait, il s'agit d'une pratique d'hypnose à distance, qui requiert un grand pouvoir de concentration et de visualisation.

Je connais toutes ces choses parce que je n'ai pas d'histoire personnelle ; et parce que je ne me sens pas plus important que n'importe quoi d'autre et parce que ma mort est assise avec moi, là[63].

Don Juan selon Castaneda

63. Carlos Castaneda, *Le Voyage à Ixtlan*, éditions Gallimard, Paris, 1980.

Chapitre 10

Entrer dans la pratique du chamanisme

Pour entrer dans le chamanisme, il faut avoir ou acquérir une certaine mentalité, un certain état d'esprit. De la sorte, l'apprenti chaman pourra quitter l'état de conscience ordinaire (ECO) afin d'être en mesure de passer à l'état de conscience chamanique (ECC).

L'état d'esprit du chaman

Laisser tomber sa propre histoire, ou se débarrasser de son histoire personnelle

C'est là une des premières étapes qui permet d'avancer vers l'état chamanique.

En clair, il s'agit d'oublier sa petite personne, son ego. Ou tout au moins de le laisser hors-jeu chaque fois que l'on tentera de percevoir le monde autrement que par l'état de conscience ordinaire.

C'est ainsi que commença l'apprentissage de Castaneda avec don Juan.

Comme Castaneda lui demandait qui il était, quelle était sa famille, sa généalogie, don Juan lui répondit : « Je n'ai aucune histoire personnelle [...] Un jour j'ai appris que l'histoire personnelle ne m'était plus nécessaire et comme pour l'alcool je l'ai laissé tomber. » Comme Castaneda ne comprenait pas ce que signifiait « laisser tomber sa propre histoire », il enfonça le clou : « s'en débarrasser, voilà ce que j'ai voulu dire ».

Naturellement, il ne s'agit pas « d'oublier » au sens propre qui on est, de qui on est le fils ou la fille, etc. D'ailleurs, aujourd'hui, dans notre monde occidental, cela serait impossible.

Il s'agit de sortir de la gangue qui nous entoure et qui constitue notre histoire égotique. Cesser de s'occuper sans cesse de son petit moi, cesser de se croire le centre du monde et, pire encore, de penser que l'être humain est le sommet de la Création. Ce qui n'est pas le cas, ni sur Terre, ni dans l'univers.

Oublier que l'on est quelqu'un d'important, que l'on a de beaux diplômes, des ancêtres célèbres, de l'argent, une belle maison, une belle voiture, des « relations » prestigieuses, un poste important ou honorifique, la légion d'honneur, un prix littéraire ou scientifique. Oublier l'espace d'un instant que l'on a de beaux enfants, que l'on est beau et intelligent. Mais oublier aussi que l'on a des soucis, que l'on est moche et fatigué, voire abandonné.

Tout cela doit se dissoudre dans l'intérêt que l'on porte à la nature, aux autres êtres qui nous entourent, depuis les papillons éphémères et les humbles fleurs de nos campagnes jusqu'à l'immensité de l'univers, à ses étoiles et ses planètes innombrables, peuplées d'êtres au moins aussi malins que nous.

Son histoire personnelle, celui qui veut devenir chaman, doit la trancher de lui, c'est-à-dire s'en détacher intellectuellement et émotionnellement.

Non seulement elle n'a pas d'importance dans le monde chamanique, mais y prêter attention empêche d'accéder aux autres réalités, empêche de sortir de son espace-temps.

D'autre part, comme le fait remarquer don Juan, le fait d'avoir une histoire personnelle, d'en faire tout un plat, d'en parler à sa famille et à ses amis, fait que l'on est lié par toutes sortes d'exigences de leur part et que cela porte atteinte à la liberté du chaman, qui avant tout est un être libre.

Si tu n'avais pas d'histoire personnelle, il n'y aurait pas une seule explication à fournir à qui que ce soit ; personne ne serait déçu ou irrité par tes actes. Mais surtout, personne n'essaierait de te contraindre avec ses propres pensées.

INFO ! Commencer à s'effacer soi-même est la première chose à faire pour entrer en communion avec les autres espèces et les autres mondes.

Demander conseil à la mort

Si l'on n'a pas compris que la vraie réalité est au-delà du monde manifesté tel qu'en général nous le connaissons, si l'on n'a pas compris que notre petit moi n'est pas important, que l'important est ailleurs, il suffit de demander conseil à la mort. « Comment se sentir tellement important, disait don Juan à Castaneda, quand on sait que la mort nous traque ? » Demande conseil à la mort, ajoutait-il, et laisse tomber toutes les mesquineries courantes des hommes qui vivent leur vie comme si la mort ne devait jamais les toucher. La réalité est bien au-delà.

L'alliance avec la nature

Pour entrer en contact avec la nature, il nous faut cesser le flot continuel des interprétations rationnelles. Cesser d'analyser le monde extérieur selon les codes habituels, afin de voir au-delà.

Ensuite, il nous faut nous habituer à traiter les autres êtres vivants différemment.

Traiter d'égal à égal avec eux, leur porter de l'amour, du respect.

Ainsi, celui qui va cueillir de la sauge en son jardin, s'il veut pratiquer le chamanisme, ne doit pas couper la plante sauvagement, n'importe comment, en couper plus qu'il n'en faut par exemple et laisser tomber sur le sol le trop cueilli. Il s'agit d'un état d'esprit que l'on acquiert en agissant comme un chaman amérindien.

Il convient en premier lieu de s'excuser avant de cueillir la plante, *lui affirmer qu'un jour notre propre corps lui servira de nourriture*, lui parler, prendre son temps.

Pour cela, il faut cesser de raisonner en rationaliste.

Il faut également faire confiance à son corps et même, on pourrait dire, déplacer la conscience du cerveau au corps : se mettre à l'écoute de la plante avec tout son corps. Se poser face à elle, la contempler, se mettre en une sorte d'écoute intérieure. Pour cela, on peut s'aider d'outils. C'est ce que fait le chaman.

Les outils du chaman

Pour s'aider dans sa compréhension du monde, pour être en mesure de passer de l'état de conscience ordinaire à l'état de conscience chamanique, le chaman peut, on l'a vu, utiliser des plantes hallucinogènes ou tout au moins bénéfiques, les consommer ou en respirer la fumée. Il peut aussi utiliser un tambour ou des hochets.

Les tambours

Nombreux sont ceux qui utilisent le son percussif et monotone du tambour pour entrer dans un état modifié de conscience. C'est une méthode sûre et sans danger qui est utilisée par les Inuits et de nombreux chamans amateurs en Occident. Aujourd'hui, on trouve des tambours chamaniques partout et à tous les prix. Le tempo du tambour doit être de 205 à 220 frappes par minute.

On peut donc se procurer un tambour et se faire accompagner par quelqu'un qui frappe le tambour ou encore le frapper soi-même, ce qui est plus difficile.

Mais le plus simple (même si ce n'est pas forcément le plus efficace) est de se procurer des enregistrements de tambour. Quelques minutes d'écoute suffisent à un chaman expérimenté pour entrer en transe légère, un quart d'heure pour les débutants.

L'intérêt du tambour est que lorsqu'il s'arrête, on peut revenir rapidement de sa transe, ce qui n'est pas le cas évidemment avec les plantes hallucinogènes, notamment les plus dangereuses qui peuvent être mortelles comme l'*ayahuasca* ou l'amanite *muscaria*.

Le battement du tambour agit comme une onde porteuse. C'est pourquoi certains chamans nomment leur tambour « cheval » ou « canoë ».

Les plantes

Partout dans le monde, les chamans utilisent les plantes. Au Canada par exemple, les chamans autochtones utilisent le tabac, le cèdre, le foin et la sauge : le tabac qui, partout en Amérique, crée un lien entre les fumeurs d'une part et entre les fumeurs et les esprits d'autre part ; le foin, qui éloigne les esprits et les personnes mal intentionnées ; le cèdre, qui attire les énergies positives. La sauge, quant à elle, éloigne les énergies négatives et purifie les lieux.

Pas de rituels en rapport avec les esprits sans d'abord avoir préparé les lieux et les participants par la cérémonie de la fumigation. En particulier avec la sauge.

Pour cela, en ce qui concerne la fumigation sèche, la fumée (par opposition à la fumigation humide, la vapeur) on fait brûler les feuilles dans un brûle-parfum en cuivre ou en terre ou dans une grande coquille (une coquille d'ormeau ou une coquille Saint-Jacques).

L'utilisation de la fumée de la sauge

Il n'est pas nécessaire d'utiliser des plantes hallucinogènes pour atteindre les états de conscience chamanique.

Par contre, utiliser la fumée de la sauge peut être particulièrement bénéfique.

Ce n'est pas pour rien que l'on recommandait autrefois de faire brûler de la sauge dans les lieux où il y avait eu des malades. Les causes des maladies étant reliées aux esprits nuisibles, il est bien évident que pour effectuer des voyages chamaniques et trouver des esprits alliés, il faudra commencer par chasser tout ce qui est nuisible, tous les esprits qui pourraient nuire aux opérations magiques du chamanisme.

On commence par rassembler la sauge séchée. Cela peut être la sauge du jardin, la *Salvia officinalis*, ou la sauge blanche, la *Salvia apiana*, ou encore la sauge des devins, la *Salvia divinorum*[64], mais celle-ci est dangereuse et un peu partout interdite, bien qu'on puisse se la procurer sur le Net.

La *Salvia apiana* ou sauge blanche se nomme aussi « abeille sauge ». Elle provient du sud-ouest des États-Unis et du nord-ouest du Mexique. Elle est considérée comme sacrée.

C'est la plus utilisée en Europe. On la trouve toute préparée pour les rituels.

On devra traiter la réception de la sauge toute préparée par les marchands pour les cérémonies de la même manière que la sauge dans son jardin. Autrement dit, avec le même respect.

Naturellement, tout comme la *Salvia officinalis*, la *Salvia apiana* a des vertus médicinales, à peu près les mêmes. Les Indiens l'utilisent dans leurs tentes de sudation comme remède pour le rhume ; en thé pour soigner les sinus, la gorge, les bronches et les poumons. Elle est revigorante.

Des plumes et des pierres

Les plumes sont utilisées pour pousser la fumée des plantes vers les participants ou les objets.

Les pierres peuvent servir d'esprits auxiliaires, notamment les cristaux de roche. On pourra ainsi utiliser les minéraux dans les rituels comme esprits auxiliaires des points cardinaux.

Trouver son lieu

Si l'on a l'intention de pratiquer des rituels chamaniques, il est bon de commencer par « trouver l'endroit ». Cet endroit sera un endroit de pouvoir, c'est-à-dire un endroit où l'on pourra passer dans l'état de conscience voulu sans être distrait, sans être mal à l'aise : un lieu où l'on se sent en harmonie.

Ce ne sera pas un lieu choisi entièrement par la raison.

Après avoir éliminé les lieux impossibles matériellement et après avoir trouvé la pièce correcte par la raison, en tenant compte des contingences matérielles, il faut y trouver « l'endroit ». Il s'agit de le trouver avec son corps en tâtonnant. Cet endroit est celui où l'on peut rester assis, debout ou allongé, non seulement sans fatigue, mais en se sentant en harmonie avec le lieu, en se sentant en paix avec le monde et avec soi-même.

Durant cette recherche, on se sert de tout son corps. On peut se rouler par terre, se mettre sur le dos ou sur le ventre, sentir des différences de

64. Voir le chapitre 3 de cet ouvrage pour connaître les différentes espèces de sauge.

températures, percevoir une sorte de malaise ou une sensation de bien-être. On peut sentir avec son nez et voir avec ses yeux.

Cela peut prendre un certain temps. Il en fut ainsi pour Castaneda lorsqu'il dut trouver son endroit sur le sol du porche de la maison de son maître.

Au bout de six heures passées à se rouler par terre, à se tenir aux différents endroits du sol sur le ventre, sur le dos, assis, debout, Castaneda n'avait senti aucune différence sur les neuf mètres carrés du sol.

Il avait commencé sa recherche à la tombée de la nuit vers sept heures du soir et s'arrêta à deux heures du matin, fort dépité.

Alors, sur la suggestion de don Juan qui l'observait discrètement, il se mit à chercher aussi avec ses yeux, ce qu'il n'avait pas encore fait, avec son palais et son estomac, ce qu'il n'avait pas fait non plus, pour sentir le goût du lieu avec tout son corps. C'est ainsi que son estomac lui fit rejeter un endroit et que son regard lui fit trouver le bon à l'aide, entre autres, des couleurs qu'il voyait varier suivant les différents endroits du sol. C'est alors qu'il s'endormit, apaisé.

Il savait dorénavant qu'il y avait pour lui un bon et un mauvais endroit.

On remarquera qu'il avait commencé sa recherche au coucher du soleil. En effet, c'est seulement dans l'obscurité que l'on peut percevoir la réalité non ordinaire.

Une fois que l'on a trouvé son endroit, on le marque d'une façon ou d'une autre. C'est là dorénavant que l'on passera à l'état chamanique et cela lorsque la nuit sera tombée, les lumières éteintes avec uniquement la faible lumière d'une bougie. En fait, on commence les rituels au moment du coucher du soleil. On purifie l'endroit avec des fumigations de plante comme la sauge blanche et, si l'on est fatigué, on boit une tasse de plantes dynamisantes comme une infusion de sauge du jardin pour être en état de tenir ses esprits alliés en éveil. En effet, sans les esprits alliés et les esprits gardiens, le chaman ne peut rien faire.

Esprits alliés ; esprits gardiens

Les esprits alliés

Dans ma vie, j'ai eu plusieurs esprits alliés.

Le premier fut un esprit végétal, un marronnier. Ce fut durant toute mon enfance mon confident et mon grand consolateur. Chaque année, j'allais me réfugier sur sa plus haute fourche et, fermant les yeux, je me laissais emporter dans un voyage secret, tenue fermement dans les bras de mon premier allié. C'est le plus puissant de mes alliés. Son corps n'est plus là, mais son esprit demeure[65]. En fait, il est devenu mon esprit gardien.

65. Marie Delclos, Préface à *La Vie secrète des plantes*, de P. Tompkins et C. Bird, éditions Pocket, Paris, 1990.

Le deuxième se manifesta bien plus tard sous la forme d'une microscopique araignée, dont le corps était gros comme la tête d'une épingle. Tous les jours, elle venait à ma rencontre dans la pièce où je passais pour me rendre à mon cabinet. Le sol était de couleur blanche. Je m'arrêtais, elle aussi et ses deux petites pattes antérieures, comme des antennes, me racontaient quelque chose en son langage de signes. Depuis, je considère le monde des petits à l'égal de celui des grands.

Le troisième fut un oiseau. Je l'avais sauvé d'une cage et il vint le lendemain siffler son remerciement à ma fenêtre. Il m'enseigna la liberté, élément précieux pour ne pas se laisser enfermer dans les mondes inférieurs.

Le quatrième, un tigre, ou plutôt une tigresse, m'a reconnue comme son égale. Seule humaine devant elle, placée par des circonstances inattendues, dans un enclos privé après des heures seule en face-à-face, elle me donna un petit coup de patte à travers le grillage. C'est mon esprit allié contre la peur.

Le cinquième fut un chat, ou plutôt une chatte, qui fut mon gourou et m'enseigna l'amour inconditionnel.

Ils sont dorénavant mes esprits alliés.

Les esprits alliés seront vos gardes du corps. Ils doivent être là pour vous escorter à chaque rituel.

L'esprit gardien

L'esprit gardien, c'est autre chose. Sans esprit gardien, il est pratiquement impossible d'être un chaman, car sans lui, il est impossible de maîtriser les puissances spirituelles que l'on va rencontrer dans les « voyages » à travers les trois mondes. Cet esprit gardien est la plupart du temps un animal de pouvoir, mais ce peut être un arbre (il en est ainsi de mon marronnier).

L'animal de pouvoir, tout comme l'esprit gardien de l'arbre, protégera le chaman. Il le servira et sera un autre lui-même.

Il peut venir à nous sans qu'on le cherche. Mais la plupart du temps, il nous faut partir à sa recherche. Chez les Amérindiens, dans cette quête de l'animal de pouvoir, l'Indien est seul. Il se prépare en méditant puis en fumant (pas forcément une plante hallucinogène, mais une plante bénéfique). Puis il implore les dieux et la nature de lui accorder une vision. Il leur fait des offrandes.

C'est au bout de plusieurs heures ou de plusieurs jours que le génie sollicité se manifeste, sous la forme d'un animal la plupart du temps.

Une fois apparu, l'esprit gardien lui enseigne des paroles et des chants magiques servant à l'évoquer ou à entrer en contact avec lui lorsqu'il en a besoin. Il voyagera avec lui et le protégera.

Chaque être vivant en soi est une force, même une minuscule fourmi,
un papillon, un arbre, une fleur, une pierre ;
car en chacun d'eux vit le Grand Esprit[66]*.*

Pete Catches, Indien Dakota

66. S. Bedetti, *Les Secrets des Indiens d'Amérique*, éditions De Vecchi, Nîmes, 2000.

Chapitre 11

Rituel pour trouver ses esprits alliés et son esprit gardien

La préparation

Pour faire un rituel chamanique, quel qu'il soit, il faut se préparer et ensuite purifier le lieu où l'on va l'exécuter.

Le rituel s'effectuant le soir, il est recommandé de ne pas manger dans les heures qui précèdent. On peut même jeûner. En tout cas, ne pas prendre un déjeuner lourd. Si on est fatigué, une tasse d'infusion de sauge une heure avant le rituel permettra de garder ses forces durant toute l'opération.

Les éléments à se procurer pour le rituel

Évidemment, en premier lieu, il faudra de la sauge, en bâtons et en feuilles. Il s'agit de la sauge blanche naturelle de Californie, la *Salvia apiana*. Très efficace, elle est la plus facile à trouver. Elle fera donc office de premier esprit allié.

Les bâtons de sauge

Figure 18

Figure 19

Ces bâtons ont une longueur d'environ 13 cm et une épaisseur de 4 à 5 cm de diamètre. Ressemblant à de gros cigares (fig 18), ils sont composés de feuilles et de tiges, roulées et tenues par un lien, généralement une fine ficelle de couleur (fig 19).

On les fait brûler de la même manière que l'on fait brûler des bâtons d'encens : on les allume à une flamme. On les tient à la main.

Des feuilles de sauge séchées

Figure 20

Si on n'en a pas dans son jardin, on les achète en sachets (fig. 20). On les fait brûler dans un récipient.

Des braises automatiques

On les trouve dans le commerce. Traditionnellement, on les allume avec une allumette, mais aujourd'hui on a du mal à les faire démarrer de cette manière. Le plus sûr moyen est de les tenir – avec une pince (kit d'accessoire pour les narguilés) pour ne pas se brûler les doigts – sur la flamme du gaz de cuisine.

Il est bien plus pratique d'utiliser des braises naturelles, comme font évidemment les Amérindiens et les Sibériens. Au Moyen-Orient, on fait le barbecue sur le balcon. Les braises sont « allumées au gaz » avec un outil que l'on peut acheter sur tous les marchés : une sorte de brasero à poignée. Cet objet est en revanche très difficile à trouver en Europe. Il est cependant relativement aisé d'en confectionner un.

Figure 21

Le dessin (fig. 21) représente un de ces braseros en tôle. Nous avons enlevé la paroi avant pour que le lecteur puisse en voir l'intérieur. On peut réaliser des objets comparables avec une boîte de conserve vide, une barre de fer plat et des boulons. Il est conseillé de tester l'objet en plein air avant de l'utiliser dans un appartement.Le mode d'emploi est simple : on place les braises à allumer dans le récipient que l'on pose sur le grand feu de la cuisinière. Au bout de quelques minutes, les braises sont rouges. On les prend alors avec une pince pour les placer dans le brûle-parfum.

Le récipient pour brûler les feuilles séchées

On peut utiliser un brûle-parfum (brûleur d'encens selon la terminologie actuelle) assez grand : en terre, comme ceux de certains Amérindiens, ou en cuivre, ou encore en laiton. On peut aussi utiliser un encensoir. Il est possible également de se procurer un *khalun*, réchaud à charbon de bois en terre utilisé pour préparer le thé ou cuire les brochettes ; ce réchaud est particulièrement pratique si on veut produire beaucoup de fumée.

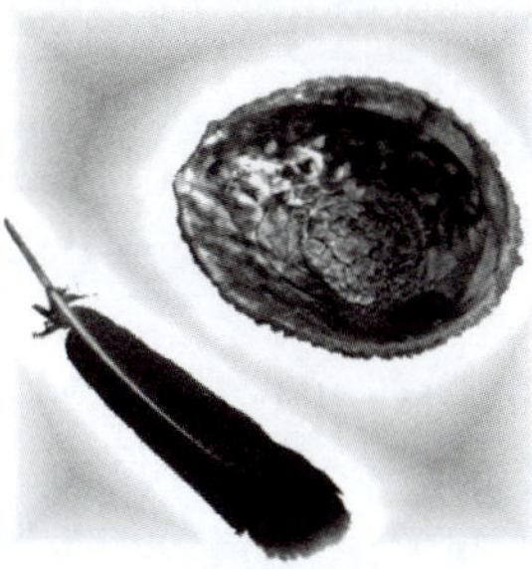

Figure 22 : Une coquille d'ormeau (abalone)

Aujourd'hui, les chamans utilisent de préférence, comme on l'a vu, une coquille d'ormeau (fig. 21). On en trouve dans le commerce, dans les magasins qui vendent des bâtons de sauge, mais ce n'est pas obligatoire. Il est souhaitable que la coquille d'abalone (ormeau) soit assez grande (15 à 20 cm de longueur).

Un récipient pour éteindre le bâton de sauge

Il faut prévoir un gros cendrier ou un mortier. On y éteint le bâton de sauge comme on éteint un cigare ou une cigarette.

Des bougies

Il faut une bougie blanche pour allumer et ranimer le feu du bâton (elle doit rester allumée durant tout le rituel), des bougies de couleur, dont une couleur or et une couleur argent, pour marquer des emplacements en fonction du rituel utilisé, en général pour marquer les points cardinaux. On utilise également des bougeoirs pour les installer. Ces bougies remplacent d'autres dispositifs utilisés par les Amérindiens et autres civilisations chamaniques pour le même usage.

Une plume

La plume (fig. 22) est utilisée traditionnellement pour ranimer les braises (on ne souffle pas sur les bâtons) et pousser la fumée dans la direction souhaitée. On peut prendre la plume d'un coq ou d'un dindon ou de n'importe quel oiseau, à condition qu'elle soit assez grande. Certains peuples d'Asie la remplacent par un éventail.

Des allumettes

Il est préférable, sur le plan symbolique, de prendre des allumettes plutôt qu'un briquet. Elles ne servent qu'à allumer la bougie blanche qui sert de rat-de-cave.

Un éteignoir

On ne souffle pas sur les bougies. Il faut donc se procurer un éteignoir.

Purification du lieu par la fumée de la Salvia apiana

Avec le bâton de sauge

Placer une bougie blanche dans son bougeoir et l'allumer avec des allumettes.

Allumer le bâton de sauge à la flamme de la bougie. Faire brûler l'extrémité du bâton jusqu'à ce qu'elle reste rougeoyante et qu'elle commence à fumer.

De l'autre main, tenir la plume. Faire le tour du lieu à purifier en marchant rituellement d'est en ouest, dans le sens de la marche diurne du Soleil (sens des aiguilles d'une montre pour ceux qui vivent dans l'hémisphère nord) et en disant :

Je fais de la fumée sacrée
De cette manière je fais de la fumée
Que tous les peuples la regardent
Je fais de la fumée sacrée
Partout dans l'univers on se réjouira.

Tout en marchant, agitez la plume de façon à ce qu'elle pousse la fumée sur les murs, le plafond et le sol ainsi que dans l'espace intérieur de la pièce. Agiter aussi la plume comme un éventail sur l'extrémité du bâton, si la braise risque de s'éteindre. Une fois cette opération terminée, éteindre le bâton.

Avec les feuilles séchées et un encensoir

On peut aussi prendre un encensoir dans lequel brûlent des feuilles de sauge séchées, mais c'est moins adapté à ce genre de rituel.

Marquer les quatre points cardinaux

Repérez-les

Vous pouvez le faire soit avec une boussole soit, mieux, en repérant la direction du soleil levant et du soleil couchant qui varient suivant les saisons : le lever du soleil se fait au nord de l'est en été et au sud de l'est en hiver, juste à l'est aux équinoxes.

Il n'y a plus qu'à marquer le sud et le nord.

Si le sol est carrelé, marquer les points cardinaux à la craie, sinon placer directement un bougeoir à chaque point (fig. 23). L'ensemble doit se trouver à l'est de l'endroit (votre endroit là où vous vous tiendrez).

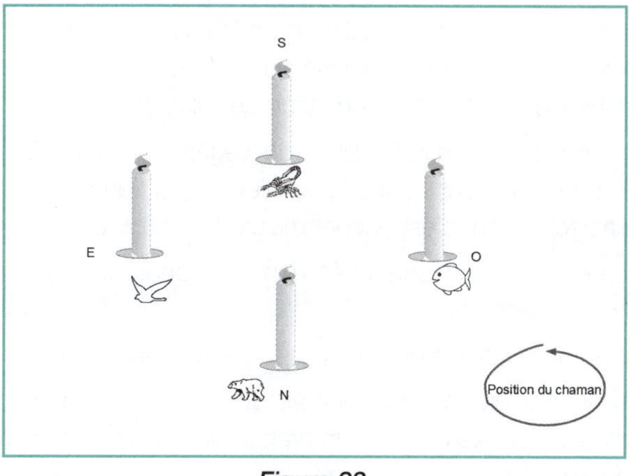

Figure 23

Placer une bougie à chaque point

À chaque point cardinal, placer une bougie dans chaque bougeoir.

À l'est, *élément Air* : une bougie bleue
Au sud, *élément Feu* : une bougie couleur or
À l'ouest, *élément Eau* : une bougie verte
Au nord, *élément Terre* : une bougie couleur argent

Des objets pour attirer les esprits alliés

Ces objets symboliques, qui serviront à se procurer des « esprits alliés », seront en rapport avec les quatre éléments. En outre, les trois règnes, végétal, animal et minéral, doivent être représentés.

Les pierres sont vivantes et sacrées

Avant de placer des pierres, soit au pied des bougies comme symboles des esprits alliés minéraux, soit pour tracer les figures (comme on le verra plus loin dans le chapitre suivant), il est nécessaire de manifester consciemment sa compréhension du pouvoir des pierres.

Passez sur elles de la fumée de sauge en disant :

Ô pierres anciennes, vous êtes ici présentes. Vous n'avez ni œil, ni bouches, ni membres. Vous ne bougez pas, mais recevant ce souffle sacré, par la fumée de sauge, votre haleine est celle de la vie même.

INFO ! Il est nécessaire de se faire des alliés du monde minéral, si l'on ne veut pas, lors des voyages dans les mondes inférieurs, être bloqué ou blessé par un rocher.

Cela dit, les symboles des « esprits alliés », qu'ils soient minéraux, végétaux ou animaux, devront être en harmonie avec les quatre éléments.

À l'est, près de la bougie bleue et en rapport avec l'élément Air, placez :

- pour représenter des esprits alliés du minéral, un objet en cuivre, une pierre bleue, comme une turquoise ou un lapis-lazuli (ou leurs images, mais c'est encore mieux si on possède de telles pierres) ;
- pour représenter des esprits alliés du végétal, l'image d'une fleur de myosotis ou d'une fleur de lin. Naturellement, si l'on possède de telles fleurs dans son jardin, c'est encore mieux de les utiliser ;
- pour représenter des esprits alliés dans le monde animal, l'image d'un aigle ou d'un passereau.

Au sud, près de la bougie or et en rapport avec l'élément Feu :

- pour les esprits du monde minéral, un objet en or, une calcédoine (une cornaline par exemple) ou un grenat, ou encore une pierre de soleil (ou leurs images) ;

- pour ceux du monde végétal, une petite branche de sauge ou une branche de laurier ;
- pour ceux du monde animal, l'image d'un scorpion ou d'une salamandre.

À l'ouest, près de la bougie verte et en rapport avec l'élément Eau :

- pour les esprits du monde minéral, un objet en étain, une aigue-marine ou une malachite ;
- pour ceux du monde végétal, une fleur de nénuphar, un rameau de peuplier (ou leurs images) ;
- pour ceux du monde animal, l'image d'un poisson ou d'une couleuvre.

Au nord, près de la bougie argent et en rapport avec l'élément Terre **:**

- pour les esprits du monde minéral, un objet en argent, une pierre de lune, un cristal de roche (ou leurs images) ;
- pour les esprits du monde végétal, du muguet, une branche de houx qui fera un bon esprit allié vous protégeant avec ses piquants ;
- pour les esprits du monde animal, l'image d'un ours blanc.

Vous devez avoir au moins un objet pour chaque règne (un minéral, un végétal, un animal) mais vous pouvez en avoir plusieurs pour chacun.

Naturellement, il vous appartient de faire marcher votre imagination et de trouver les objets qui vous conviennent le mieux et qui se trouvent dans votre environnement (c'est aussi une part de votre travail chamanique).

Vous pouvez suivre aussi, si vous le préférez, le choix de certains chamans amérindiens, telle Red Eagle Woman[67]. C'est une autre façon de voir les choses, tout aussi intéressante. Mais l'un n'empêche pas l'autre : vous pouvez faire une synthèse.

L'est :

La couleur associée à l'est est l'or de l'étoile du matin et son animal-médecine[68] est l'aigle. L'est représente le siège de l'illumination où notre vision des choses, large et claire, porte très loin.

Le sud :

La couleur associée au sud est le vert (allusion à la photosynthèse issue du pouvoir du soleil) et son animal-médecine est le rat. Le sud est le pays de l'innocence, de la confiance et de la perception intime de la nature dans notre cœur.

L'ouest :

La couleur associée à l'ouest est le noir (c'est le lieu de la mort du soleil) et son animal-médecine est l'ours. L'ouest est le lieu du regard intérieur (au-delà de la mort) tourné vers la nature introspective de l'homme.

---

67. S. Bedetti, *op. cit.*
68. L'animal-médecine : le chaman est l'homme-médecine, l'animal-médecine est celui qui siège à chaque point cardinal dans le cercle magique, appelé « roue de médecine ».

Le nord :

La couleur associée au nord est le blanc (c'est la couleur de la sagesse du nord et le blanc évoque par ailleurs l'étoile polaire, le centre de la roue de la manifestation, le lieu de la connaissance). Le nord représente la sagesse et son animal-médecine est le bison.

Appel des esprits alliés

Choisissez-les

Choisissez parmi les objets que vous avez placés aux quatre points cardinaux ceux qui vous parlent le plus et désignez-les mentalement comme vos esprits alliés potentiels. Mémorisez-les.

Reprenez le bâton de sauge ; allumez-le

Tournez-vous vers l'est. Élevez le bâton dans cette direction en disant :

Esprits de l'est, là d'où vient la lumière et où apparaît l'étoile du matin
et son animal médecine, l'aigle,
je vous offre cette fumée sacrée issue de la plante salvatrice.

Tournez-vous vers le sud. Élevez le bâton dans cette direction en disant :

Esprits du midi, dont la lumière fait verdir la nature
et offre la vie à la Terre, je vous offre les feuilles
de cette plante salvatrice qui vous doivent la vie.

Tournez-vous vers l'ouest. Élevez le bâton dans cette direction en disant :

Esprits de l'ouest, je vous offre cette plante qui en brûlant
retourne à la mort pour nourrir les esprits qui renaîtront à l'est.

Tournez-vous vers le nord. En élevant le bâton dans cette direction, dites :

Esprits du nord, je vous offre la fumée de cette plante
qui me pousse vers vous dans ma recherche de la sagesse.

Marquez un court silence puis terminez :

Esprits des quatre vents, apportez-moi votre souffle
par l'intermédiaire de vos humbles représentants
que j'ai placés aux quatre points de l'espace.

Éteignez le bâton de sauge.

L'arrivée des esprits alliés

Asseyez-vous sur votre « endroit », après avoir enlevé vos chaussures et desserré vos vêtements. Mettez-vous en méditation si vous en avez l'habitude, battez le tambour (si vous en avez un) ou écoutez l'enregistrement d'un tambour chamanique.

Sinon, asseyez-vous simplement et écoutez calmement votre respiration pendant quelques minutes.

Laissez venir à vous les esprits alliés en les visualisant mentalement. Dès qu'ils commencent à vous apparaître clairement, c'est qu'ils ont répondu à votre appel.

Au début vous pouvez les noter, afin de vous familiariser avec eux. Surtout, ne négligez pas les minéraux.

Choisir son esprit gardien

Reprenez le bâton, allumez-le et offrez la fumée aux quatre directions

Dites, en commençant par l'ouest :

Ô Pouvoir ailé du lieu où le Soleil descend, tu es un parent !

Toi et tes gardiens vous êtes anciens et pleins de mystères.

Puis vers le nord :

Ô toi, Pouvoir ailé, là où le Géant vit : tu es un parent !

Puis vers l'est :

Ô toi Pouvoir, là où le Soleil se lève, qui gardes la lumière et donnes la connaissance ; tu es un parent !

Et, en terminant par le sud, dites :

Ô toi Pouvoir, toi vers qui nous regardons toujours, toi qui contrôles les vents sacrés, tu es un parent !

Éteignez le bâton de sauge.

Placez des feuilles séchées dans la coquille

On peut les placer dans un brûle-parfum en terre (comme le font souvent les chamans amérindiens), mais il est préférable d'utiliser un coquillage, car il représente l'élément Eau. En effet, pour accomplir des voyages chamaniques, les quatre éléments doivent être représentés. L'Air est représenté par la fumée, le Feu par les braises, la Terre par les herbes.

La coquille d'ormeau est utilisée traditionnellement, et elle convient parfaitement. On peut naturellement ajouter de l'encens.

Avec la bougie blanche allumée, mettez le feu aux feuilles

Reposez la bougie. Laissez-la allumée.

Placez la coquille avec le feu et la fumée au centre des quatre points cardinaux.

Laissez brûler les feuilles.

Demandez aux esprits alliés de vous aider à trouver votre esprit gardien.

Dites :

Ô Grand Esprit, ceci est ton herbe mystérieuse
que je place sur le feu,

Que sa fumée s'étende sur le monde et atteigne le ciel,

Que cette offrande manifeste la parenté
entre toutes les choses, tous les êtres.
Qu'ils nous donnent tous leurs pouvoirs.

Ô Grand Esprit, je place cette herbe aromatique
sur les braises et la fumée s'élève vers toi.

Allongez-vous à votre endroit, qui doit se trouver à l'ouest du cercle (voir fig. 24 p. 136).

Entrez en état second et attendez en respirant la fumée.

Si vous n'avez pas déjà une idée du genre d'esprit gardien que vous souhaiteriez avoir, faites défiler dans votre esprit les différentes possibilités que vous pourriez trouver tant dans le règne végétal qu'animal.

Esprits gardiens dans le monde végétal

Un esprit gardien doit être fort. Aussi, si vous cherchez un esprit gardien dans le monde végétal, choisissez de préférence un arbre. Un arbre évidemment que vous pouvez avoir l'occasion de trouver dans votre région. Si vous habitez en Alsace, n'allez pas forcément chercher un baobab.

N'oubliez pas que si vous vous lancez dans le chamanisme, il y a de fortes chances pour que vous finissiez par aller dans la campagne, voir les arbres, les toucher, les caresser, les sentir et leur parler. Mais il est vrai que l'on trouve en France de nombreux arbres venus d'ailleurs, comme les cèdres.

Sinon, parmi les arbres les plus susceptibles de devenir des esprits gardiens, on trouve le chêne, le hêtre, l'orme, le frêne, le bouleau.

L'intérêt des arbres, c'est qu'ils font communiquer les trois mondes : le souterrain, le terrestre et le céleste, et que vous pourrez les utiliser facilement dans ces trois mondes.

Évitez les noyers et les saules têtards qui trempent leurs racines dans les ruisseaux. Évitez aussi les cyprès (sauf si vous êtes déjà un chaman averti).

Esprits gardiens dans le monde animal : les animaux de pouvoir

Parmi les esprits animaux, il y a ceux de l'Air, ceux de l'Eau, ceux de la Terre.

On peut, pour commencer, passer en revue ceux qui nous évoquent une qualité particulière. Il est bon de les choisir en fonction de leurs caractéristiques.

L'esprit gardien devient alors un animal de pouvoir.

Les esprits de l'Air : les oiseaux

Les aigles sont connus pour leur vue perçante, la rapidité avec laquelle ils fondent sur leur proie, la fierté de leur regard, l'envergure de leurs ailes, la puissance de leurs pattes munies de serres acérées, leur bec redoutable. Ils possèdent de multiples atouts pour aider le chaman à se débarrasser des esprits nuisibles. Si vous en avez dans votre environnement, il vous sera plus facile de trouver un esprit gardien parmi eux. Allez les regarder et écoutez leurs cris.

Les faucons aussi peuvent être choisis comme esprits gardiens. Leur cri « kek kek kek » en cas d'alerte vous préviendra et leur rapidité en piqué leur permettra de se saisir à votre place des esprits nuisibles. L'acuité de leur regard est un autre atout. Leur regard sera votre regard.

Les hiboux et les chouettes, oiseaux nocturnes et solitaires, sont caractérisés par une ouïe très développée. Si vous êtes sensible aux sons, tentez de trouver un esprit gardien parmi eux. Ils voient la nuit, ils font voir au-delà de l'illusion. Ils apportent la sagesse.

Les corneilles qui rayent d'une craie noire le bleu pâle du ciel de France et dont les cris rauques nous tirent vers les profondeurs infinies du ciel, peuvent, si elles veulent bien vous aider, vous servir de guides efficaces pour les voyages dans le monde d'en haut.

Les oies : Celui qui a la chance de voir passer les oies sauvages depuis son enfance peut très bien posséder un esprit gardien oie depuis son plus jeune âge sans même le savoir. En effet, les chamans pensent que tout être ayant réussi à accéder à l'âge adulte a eu un gardien qui lui a permis de survivre aux dangers de l'existence. C'est pourquoi lorsque l'on cherche un esprit gardien, on peut tomber sur un esprit que l'on possédait déjà sans le savoir.

Les oies volent aussi haut que les avions de ligne et si elles ne font pas forcément un bon esprit gardien, elles peuvent vous aider comme esprits alliés lors des voyages chamaniques. Mais comme esprit gardien, l'oie peut vous aider à vous évader des lieux ou des environnements nuisibles.

Des oiseaux plus petits comme les passereaux peuvent faire de très bons esprits auxiliaires.

Les esprits de la Terre

Il y en a de nombreux. Choisissez un animal évoquant d'une manière ou d'une autre la puissance, le pouvoir.

Les sangliers : Ils sont nombreux en France. Mais peu d'Occidentaux pensent à cet animal comme animal de pouvoir, d'autant que la rencontre avec un sanglier a lieu souvent la nuit en voiture et provoque un accident.

Le sanglier est lourd, fort. C'est une masse. Il a des défenses dangereuses. Il grogne, il broie. C'est une force obscure. Mais il ne faut pas oublier qu'il a sa réplique au Ciel. Autrefois, les deux constellations marquant le pôle Nord, la Grande Ourse et la Petite Ourse, étaient vues comme des sangliers.

Le sanglier symbolisait l'indomptable courage au combat. Ainsi, chez les Celtes, il était un animal sacré. Il symbolisait la sagesse et la connaissance. Chez les druides, il représentait la classe sacerdotale. Enfin, en Inde il est un avatar de Vishnou : c'est lui qui fait émerger la terre des eaux dans le temps originel.

Mais il y en a bien d'autres animaux susceptibles de devenir votre animal de pouvoir.

Ainsi, **l'ours** était autrefois symbole de la classe guerrière et royale.

Le **loup**, nyctalope[69] et symbole de lumière, est dangereux car il règne aussi sur les défunts.

Le cerf, énigmatique, possède une ramure qui symbolise les rayons du soleil, le renouveau.

On peut aussi évoquer le **tigre** puissant, le **lion** majestueux, le **renard** rusé.

Les esprits de l'Eau

Les dauphins, les poissons, les serpents d'eau peuvent aussi être des esprits gardiens, mais en général ils sont plus efficaces comme esprits alliés.

Les esprits du Feu

Il y a certes les salamandres, mais même si vous allez faire un voyage dans les profondeurs des mondes souterrains vous n'entrerez pas dans la lave. La salamandre qui n'existe qu'à l'état symbolique peut toutefois vous servir d'esprit allié : elle vous évitera de vous brûler en tombant dans un cratère.

Un dragon peut faire un bon esprit gardien s'il appartient à votre culture.

Le rituel pour faire apparaître l'esprit gardien

Faites passer l'enregistrement d'un tambour chamanique ou secouez votre hochet.

Respirez la fumée de sauge placée dans la coquille ou le brûle-parfum.

Reprenez le bâton de sauge et allumez-le à la flamme de la bougie.

Offrez la fumée de la sauge aux quatre directions en commençant par l'est, en continuant par le nord, le sud puis enfin terminer à l'ouest.

69. Vision crépusculaire.

Dites :

Avec cette tresse de sauge sacrée, je me relie aux esprits des quatre éléments et aux quatre directions de l'espace. D'où viendra peut-être l'Esprit qui voudra bien me guider.

Puis, éteignez le bâton.

Passez en état second et observez la fumée qui doit être assez épaisse. Ajoutez pour cela des feuilles de sauge dans le brûle-parfum.

Regardez la forme que prend la fumée. Elle peut vous mettre sur la voie.

Faites appel à votre mémoire

Pour commencer, vous pouvez faire appel à votre mémoire : enfant, quel aurait pu être votre esprit gardien ?

Auriez-vous fait une rencontre lors d'une visite à un zoo ou dans un cirque ? Avec un lion, un tigre ou un éléphant ? Ou bien avez-vous été frappé par Babar l'éléphant devenu roi de la jungle[70] ?

L'éléphant peut en effet être un animal de pouvoir, surtout si vous vivez ou avez vécu en Afrique centrale. Certains chefs africains l'utilisent comme un double et on le représente sur des tambours et sur des pipes. Même chose si vous avez vécu en Asie, où il est symbole d'intelligence et de sagesse. En Inde, il est attribué à *Muladhara chakra*, élément Terre et de couleur ocre.

Faites défiler les différentes possibilités dans votre esprit

Si votre mémoire ne vous donne pas d'esprit gardien apparu lors de votre enfance, faites défiler dans votre esprit les différentes possibilités qui s'offrent à vous dans le monde animal ou végétal.

Appeler un esprit gardien, c'est normalement faire appel au pouvoir spirituel de l'espèce tout entière par l'intermédiaire de l'une de ses manifestations individuelles. De plus, au pouvoir de l'espèce s'ajoute la force de l'environnement de cet animal de pouvoir.

Par exemple, si l'animal est un sanglier, non seulement il apporte tout le pouvoir que les anciens lui ont donné, le courage, sa propre puissance, mais aussi celle des arbres qui l'ont nourri comme celle des chênes puisque le sanglier se nourrit des glands de cet arbre.

Une image apparaît

Si une image commence à apparaître, mais encore floue, tournez le bâton de sauge dans la direction correspondant à cette image et dites :

Esprits de la fumée, indiquez-moi celui ***qui me choisit pour être mon Esprit gardien.*** *Envoyez-moi des voix.*

70. Voir les histoires de Babar de Jean de Brunhoff.

Attendez en étant attentif, écoutez les sons au-delà de l'audition physique et regardez au-delà de la vue. L'esprit gardien commence à apparaître, son nom vous est chuchoté.

Se faire adopter par son esprit gardien

Une fois trouvé votre esprit gardien, maintenez fermement par la force de votre visualisation son image et associez-vous avec lui.

Approfondissez votre état de conscience chamanique (ECC) et faites venir votre esprit gardien

Allongez-vous sur le sol à votre endroit de préférence et, progressivement, oubliez votre corps.

S'unir à son esprit gardien

L'esprit gardien s'approche : unissez-vous à lui, emplissez-vous de sa force.

Imaginez votre corps devenir comme le sien. Réalisez l'unité homme-animal. Connectez-vous à son pouvoir.

Avant de parler de choses sacrées,
nous nous préparons nous-mêmes par des offrandes…
L'un de nous remplira son calumet et le tendra à l'autre
qui l'allumera et l'offrira au ciel et à la terre…
Ils fumeront ensemble… Alors ils seront prêts à parler.

(Mato Kuwapi, un Sioux santee-yanktonai)

Chapitre 12

Voyager dans le Monde d'en bas

INFO ! Vous pouvez faire le voyage seul ou accompagné. Pour une première fois, il est préférable d'être accompagné.

Préparation

Faire un voyage chamanique vous fait franchir une nouvelle étape.

Vous ne pouvez l'effectuer que si vous avez acquis des esprits alliés et un esprit gardien.

Préparez-vous comme pour trouver vos esprits alliés et gardiens.

Soyez à jeun ou effectuez le voyage après avoir bu une tasse d'infusion de sauge.

Faites venir un ou deux amis qui, comme vous, s'intéressent au chamanisme.

Guettez le coucher du soleil. Éteignez les lumières. Vos amis se placeront sur le côté de la pièce, prêts à intervenir si vous avez un malaise. S'ils sont déjà avancés dans le chamanisme, ils pourront battre du tambour pour vous aider à changer d'état de conscience.

Allumez la bougie blanche dans son bougeoir

Elle servira à allumer la sauge et à ranimer sa fumée. Elle vous permettra de ne pas être totalement dans le noir.

Allumez un bâton de sauge et purifiez la pièce comme dans le chapitre précédent. Poussez la fumée avec une plume vers vos amis le cas échéant. Éteignez le bâton dans le cendrier ou le mortier.

Tracez sur le sol un cercle avec des pierres et des cailloux

Apportez les pierres et les cailloux. Posez-les en tas près de votre endroit et dites :

Ô pierres anciennes, vous êtes ici présentes.
Le Grand Esprit a fait la Terre et vous a placées tout près d'elle.
Sur vous, les générations marcheront et leurs pas ne chancelleront pas !

Disposez les pierres et les cailloux en cercle et dites :

Je trace ce cercle sacré avec des pierres et des cailloux,
symboles de notre univers, au centre duquel se tient le Grand Esprit.
Sur ce cercle les générations marcheront, les quadrupèdes,
les bipèdes, les volatiles et les quatre Pouvoirs de l'univers.
Tous regarderont cette place qui est la tienne.

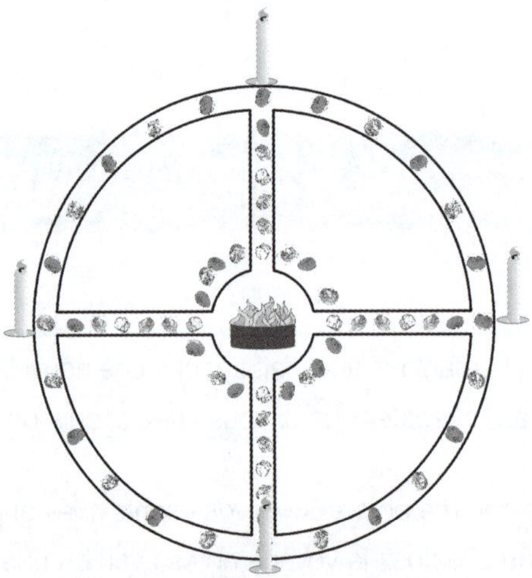

Figure 24

Placez une bougie à chaque point cardinal sur le cercle

- Une bougie bleue à l'est
- Une bougie or au sud
- Une bougie verte à l'ouest
- Une bougie argent au nord

Tracez la croix joignant les quatre points cardinaux avec les cailloux (fig. 25)

Le centre est le symbole du « Mystère Absolu », le *Wakan Tanka* des Amérindiens, le Grand Esprit. Les quatre rayons sont les quatre directions du chemin de la réalisation.

Au centre, tracez de la même manière une série de cercles concentriques évoquant une entrée souterraine, un tunnel

Figure 25

Vous pouvez aussi placer l'image de ces cercles après l'avoir tracée sur un carton (fig. 25).

Si vous souhaitez pratiquer régulièrement les séances de chamanisme chez vous et que le sol ne se prête pas à des gribouillis ou à recevoir des pierres ou des cailloux, vous pouvez très bien aussi préparer une toile d'un mètre sur un mètre (ou plus) et y peindre la croix, le cercle et les points cardinaux. Vous la roulez et la rangez quand le rituel est terminé. Prête à être déroulée et à être placée, convenablement orientée pour le prochain rituel.

Vous pourrez alors placer, sur le tracé peint sur la toile, des cailloux et différents objets sans endommager les tapis ou la moquette.

Les cailloux sont importants, car comme le disait Red Eagle Woman :

> *Chaque pierre de la vie représente l'une des nombreuses choses qui se trouvent dans la nature : le daim, le faucon, les oiseaux, les gens qui nous sont les plus proches et même les nations les plus lointaines*[71].

71. Voir le texte de Red Eagle Woman, in *Les Secrets des Indiens d'Amérique*, *op. cit.*

Placez les symboles des esprits alliés

Ceux de vos esprits alliés habituels

Placez sur le cercle, au pied des quatre bougies, les symboles de vos esprits alliés habituels. Ils viendront automatiquement à votre appel.

Ceux d'esprits supplémentaires

Ajoutez, s'ils n'en font pas déjà partie, ceux des esprits dont vous souhaitez obtenir une aide supplémentaire pour faciliter votre voyage dans les mondes inférieurs. Choisissez pour cela des esprits alliés en rapport avec ces mondes.

Vous allez pénétrer dans la Terre, dans le roc.

Pour pénétrer facilement dans la Terre, placez l'image d'un jeune hêtre qui s'enracine et un quartz près de la bougie argent, au nord. Les racines vous aideront à descendre en profondeur et les cristaux de quartz vous permettront de voir les différents esprits que vous rencontrerez.

Au cours de votre descente, vous rencontrez peut-être l'Eau ou le Feu.

Pour l'Eau, placez l'image d'une couleuvre et d'un nénuphar près de la bougie verte (la couleuvre nage dans les rivières), à l'ouest.

Pour le Feu, placez l'image d'un lézard et une cornaline près de la bougie or (vous serez peut-être confrontés aux feux intérieurs de la Terre), au sud.

Naturellement, vous ne devez pas laisser une place vide près des bougies. Vous devez ainsi laisser vos esprits alliés de l'est, ceux de l'Air : vous en aurez besoin si vous voulez ressortir à l'air libre !

Placez la coquille d'ormeau au centre du cercle

Placez les feuilles séchées dans la coquille ou le brûle-parfum. Amorcez la flamme avec la bougie blanche.

Placez la coquille au centre du cercle à côté du dessin représentant l'entrée du tunnel.

Dites :

Grand Esprit, Je vais placer cette herbe sur le feu.
Sa senteur t'appartient.

Allumez les quatre bougies

Allumez les quatre bougies sur les points cardinaux en commençant par celle de l'ouest.

Préparez-vous au voyage

Installez-vous à côté du cercle. Aspirez la fumée de la sauge et commencez à entrer en ECC. Si vous tapez du tambour vous-même, vous pouvez réciter le chant du tambour du chapitre 9 : « Je suis assis et je joue du tambour… »

Appelez les esprits alliés habituels

Demandez-leur d'entreprendre le voyage avec vous. Dites :

Esprits de la Terre, de l'Eau, du Feu et de l'Air,
conduisez-moi et protégez-moi.

Appelez les esprits alliés supplémentaires

Tournez-vous successivement vers le nord, l'ouest et le sud et dites :

Esprits du nord, Esprits de l'ouest et Esprits du sud
que je n'ai pas encore appelés, j'ai placé l'herbe sur le feu.
Il y a une place pour vous dans le bâton de sauge.
Aidez-moi et protégez-moi en ce jour particulier.

Appelez votre esprit gardien

Inspirez fortement la fumée de la sauge et dites :

Ô Wakan Tanka, Père, regarde-moi.
Toi qui es miséricordieux et qui nous aides tous,
laisse venir à moi mon esprit gardien.
Je te le demande sachant que tu es l'Unique
et que ton pouvoir s'étend à tous.

Visualisez votre esprit gardien avec intensité et attendez.

L'esprit gardien s'approche : votre visualisation s'intensifie d'elle-même.

L'esprit gardien est là : vous le sentez. Unissez-vous à lui. Commencez le voyage.

Commencez le voyage

Trouver l'ouverture vers les mondes inférieurs

Fixez du regard l'image de l'ouverture du tunnel.

Cherchez un endroit qui, dans votre environnement mental (comme un lieu que vous connaissez ou avez visité), pourrait faire office d'entrée dans un tunnel : un trou dans la souche d'un arbre trouvée dans un bois proche, une grotte, une source d'eau sur la pente d'une montagne. Vous pouvez entrer aussi dans les mondes souterrains en vous faufilant le long des racines d'un arbre émergeant à la surface de la terre ou encore par le terrier d'un petit animal.

Choisissez ainsi votre point d'entrée dans les mondes souterrains. Il pourra vous servir dans l'avenir pour les autres voyages.

Préparez-vous à y entrer :

Faites-vous tout petit

S'il s'agit d'une grotte que vous connaissez, vous pouvez y pénétrer sans problème, mais ensuite il vous faudra trouver un passage qui sera évidemment trop étroit. Quelle que soit l'entrée que vous allez choisir, il vous faudra rapetisser à un moment ou un autre. Vous devrez donc vous faire tout petit.

Pour cela, aidez-vous de votre respiration. Écoutez-la durant une minute. Puis visualisez-vous diminuant de taille à chaque inspiration. Continuez de la sorte jusqu'à ce que vous puissiez passer n'importe où.

Gardez à l'esprit que vous n'êtes pas seul, vos esprits alliés veillent. Ils vous aideront à vous faufiler, comme un lézard ou une couleuvre dans la fissure d'un rocher. L'esprit guide est en vous, avec vous.

Le voyage

Où ce voyage va-t-il vous mener ?

Pour commencer, en général, il vous transporte dans une espèce de tunnel ou de tube. La plupart du temps, ce tunnel ne paraît pas étroit. Mais on peut y rencontrer des obstacles, comme une grosse pierre qui refuse de se pousser, auquel cas il faut trouver une nouvelle fissure pour passer et rejoindre le tunnel plus loin.

Vous pouvez toutefois vous adresser à la pierre et lui demander de se pousser : « Pierres, je vous demande d'être toujours bonnes avec nous (vous et vos esprits alliés) et de nous laisser passer. »

Vous pouvez aussi faire marche arrière et recommencer. Il est inutile de forcer. Parfois on se retrouve dans une rivière ou un ruisseau. On peut aussi déboucher sur un paysage de plein air ou dans une grotte, ou dans une forêt tropicale ou sur une plage…

Vous pouvez aussi découvrir que vous portez d'autres vêtements que ceux que vous aviez en partant. Vous pouvez être surpris de voir que vous nagez dans l'eau ou à travers la terre. Au cours de ces voyages, vous pouvez aussi rencontrer divers esprits.

Après quoi, soudain, vous êtes de retour.

Si vous souhaitez repartir immédiatement, vous pouvez mâcher de la sauge sèche pour reprendre des forces[72].

72. C'est ce que fait Mario Mercier dans son *Voyage au cœur de la force*.

C'est au cours d'un tel voyage que vous pourrez, quand vous aurez acquis suffisamment d'expérience, au bout d'un certain temps, après avoir accompli un certain nombre de voyages parfaitement réussis, trouver et restituer l'animal de pouvoir ou l'esprit gardien perdu par un patient.

Mais avant tout, ce voyage vous permet de découvrir le monde au-delà des apparences.

Je lance mon double hors de mon corps
vers ces Étoiles qui sont comme autant de fenêtres
par où passent la voix et les regards des dieux[73].

Mario Mercier

73. Mario Mercier, *Les Rites du Ciel et de la Terre*, éditions Dangles, Saint-Jean-de-Braye, 1984.

Chapitre 13

Voyager dans le Monde d'en haut

La préparation est la même que pour voyager dans le Monde d'en bas.

Cependant, les esprits alliés auxquels on fera appel ne seront pas les mêmes. Un lézard ou une couleuvre ne conviendront pas.

Placez la toile de façon à ce que les points cardinaux soient placés conformément à leur position géographique.

Tracez le cercle et la croix avec des pierres sur le tracé de la toile.

Placez les bougies des quatre éléments aux quatre points cardinaux : la bougie bleue sur l'est, la bougie or sur le sud, la bougie verte sur l'ouest et la bougie argent sur le nord.

Il n'y aura plus qu'à disposer les objets symboliques qui serviront d'appel pour les esprits alliés.

Placez les symboles des esprits alliés

Il faut donc, pour commencer, choisir si nécessaire ses esprits alliés supplémentaires susceptibles d'aider le chaman à voyager dans le Monde d'en haut comme on l'a fait pour le voyage dans le Monde d'en bas.

Ceux de vos esprits alliés habituels

Placez sur le cercle, au pied des quatre bougies, les symboles de vos esprits alliés habituels. Ils viendront automatiquement à votre appel.

Rappel : il doit toujours y avoir des esprits alliés aux quatre angles.

Ceux d'esprits supplémentaires

Ajoutez, s'ils n'en font pas déjà partie, ceux des esprits dont vous souhaitez obtenir une aide supplémentaire pour faciliter votre voyage dans les mondes supérieurs. Choisissez pour cela des esprits alliés en rapport avec ces mondes, en particulier avec les esprits de l'Air. L'air étant en rapport avec la fumée, il faudra utiliser davantage le bâton de sauge.

À côté de la bougie bleue

Placer les symboles des esprits de l'Air :

Dans le monde minéral, un lapis-lazuli ou une turquoise.

Dans le monde végétal, une fleur de myosotis, des bleuets, des fleurs de lin ou toute autre plante portant en saison des fleurs de couleur bleu ciel. Il est impératif, même si vous avez recours à une variété cultivée, que la plante sauvage fasse naturellement des fleurs bleu ciel. On peut remplacer les fleurs par leurs images. Mais c'est mieux si on peut mettre des fleurs que l'on vient de couper.

Dans le monde animal, l'image d'un passereau, d'une oie.

À côté de la bougie argent

Placer certains symboles en rapport avec l'Étoile polaire : un cristal de roche, l'image de deux sangliers ou de deux ourses blanches.

L'image d'un arbre très haut est aussi conseillée.

Purifiez la pièce

Allumez le bâton de sauge à la flamme de la bougie blanche. Faites le tour de la pièce dans le sens des aiguilles d'une montre en poussant la fumée avec une plume pour ne rien laisser en dehors de la fumée de la sauge. Éteignez le bâton.

Allumez les braises et placez-les dans le brûle-parfum

Préparez les braises et placez-les dans l'abalone ou un brûle-parfum.

Placez les feuilles de sauge sur les braises et placez le tout au centre du cercle.

Appelez les esprits alliés et demandez leur aide

Vos propres esprits alliés d'abord

Reprenez le bâton de sauge, rallumez-le et dites :

Esprits des quatre pouvoirs dépendant du Grand Esprit, accourez à ma voix pour m'aider dans ce voyage.
Esprits des quatre vents, conduisez-moi.

Les esprits supplémentaires ensuite

Tout en tenant le bâton de sauge fumant, tournez-vous vers l'est et dites :

Esprits de l'Air, aidez-moi à m'élever. En particulier toi l'oie (ou autre oiseau) qui circules dans les cieux les plus élevés, emmène-moi. Aide-moi à m'approcher de la connaissance.

Puis, vers le nord, dites :

> *Ô esprits étoilés qui eurent le privilège d'être inscrits dans le ciel par le Grand Esprit, guidez-moi vers les mondes supérieurs et laissez-moi passer.*

Préparez-vous au voyage

Respirez longuement la fumée de la sauge, écoutez votre respiration, ralentissez-la. Passez en ECC.

Faites une rotation de conscience sur tout votre corps en le faisant devenir de plus en plus léger, en commençant par les mains et en descendant jusqu'aux pieds.

Appelez votre esprit gardien et unissez-vous à lui.

S'il s'agit d'un Esprit oiseau, l'ascension vers le Monde d'en haut sera facilitée. S'il s'agit d'un ours ou d'un sanglier, visualisez ceux de la sphère céleste. En fait, presque tous les esprits animaux sont représentés sur la sphère céleste : ils ont leurs doubles au ciel. Ils vous emporteront sans problème vers le Monde d'en haut.

S'il s'agit d'un arbre, faites-le monter jusqu'au ciel en visualisant ses branches s'élever à travers les nuages et peu à peu transformer votre arbre en arbre cosmique.

Vous n'aurez plus qu'à monter, aidé par vos esprits alliés, jusqu'aux étoiles et à la Voie lactée.

Tout à coup, vous serez emporté à travers l'espace, votre esprit s'envolera.

Au début partout dans l'espace, régnait Manitou.
Il créa la terre et le ciel, fit le soleil, la lune et tous les astres
à qui il ordonna de se mouvoir harmonieusement.

Chant navajo

Chapitre 14

Les rituels de l'homme-médecine

Une des caractéristiques principales du chaman, on l'a vu, est de guérir.

C'est pourquoi on appelait autrefois le chaman « homme-médecine ».

Pour cela, le chaman devait évidemment connaître les plantes et savoir les utiliser pour soigner les malades.

La sauge, on l'a vu, est particulièrement importante dans ce domaine.

Mais le chaman doit également aller chercher les esprits nuisibles qui ont pris possession du corps du malade et les extirper.

Pour cela, il va se rendre dans les mondes inférieurs aidé de ses esprits alliés et de son esprit gardien.

Préparation

Mangez légèrement aux alentours de midi. Prenez une tisane de sauge vers 18 h et commencez à vous préparer mentalement.

Votre « patient » arrive (en général on commence à s'entraîner avec un ami un peu fatigué qui servira de cobaye). Vous l'installez confortablement dans un fauteuil où il restera assis pendant que vous commencerez vos préparatifs.

Le coucher du soleil s'approche

Lorsque le coucher du soleil s'approche, commencez à purifier les lieux.

Si vous êtes à l'intérieur, ouvrez grand les fenêtres de la pièce dans laquelle vous allez pratiquer le rituel. Il peut s'agir du devant de la maison sous une véranda.

Déroulez le tapis à l'est de « votre » endroit

À côté de votre endroit, placez la bougie blanche, la boîte d'allumettes et l'éteignoir.

Posez les cailloux sur tout le cercle et sur la croix et autour du centre que vous laissez vide.

Placez les quatre bougies de différentes couleurs aux points cardinaux.

Parmi vos esprits alliés, choisissez ceux dont vous aurez besoin. Vous y ajouterez l'esprit de la sauge qui, en tant que panacée, est indispensable.

Placez donc pour commencer une petite branche de sauge près de la bougie sud (la sauge est solaire).

Puis placez les symboles de vos esprits alliés habituels. Là encore, il n'est pas interdit d'en trouver un autre pour la circonstance (à condition que l'esprit accepte). Vous pouvez ajouter l'image d'un coucou qui, comme chez les Sibériens, est en rapport avec l'éveil de la nature et ressuscite les morts.

Le soleil se couche

Fermez les fenêtres.

Allumez la bougie blanche.

Prenez un bâton de sauge allumez-le à la bougie blanche.

Purifiez toutes la pièce comme précédemment à l'aide du bâton et d'une plume

Dites :

Je désire implorer et offrir mon bâton
d'herbe sacrée à Wakan Takan.
J'ai besoin de ton assistance et de tes conseils.

Passez la fumée de la sauge au-dessus du cercle de cailloux et au-dessus de la croix et dites :

Ô Wakan Tanka, regarde cet emplacement
consacré que nous avons fait.
Nous savons que son centre est ta demeure.

Éteignez le bâton dans le cendrier.

Allumez les quatre bougies à l'aide de la bougie blanche.

Allongez votre patient confortablement sur le sol

Dites :

Ô Wakan Tanka, tu es le premier et tu as toujours été. Cette personne ici présente est en difficulté et désire t'offrir la fumée d'herbe sacrée. Nous te demandons de l'aider.

Allez dans la cuisine ou dehors préparer les braises avec le charbon à encens suivant la méthode la plus pratique pour vous.

Une fois les braises prêtes, mettez-les dans le brûleur ou la coquille.

Placez des feuilles de sauge sur les braises.

Placez la coquille ainsi préparée au centre de la croix en disant :

Ô Wakan Tanka, tu es tout ; toutes les choses t'appartiennent. Je place ton herbe sur ce feu. Sa senteur t'appartient. Je t'offre cette fumée afin que cet homme
(ou cette femme) vive débarrassé(e) des esprits mauvais.

Allongez-vous sur votre endroit et passez en transe chamanique

Vous pouvez écouter un enregistrement de tambour ou battre vous-même du tambour. Un autre chaman peut battre pour vous du tambour. Respirez la fumée de la sauge.

Appelez vos esprits alliés en les nommant

Commencez par l'esprit de la sauge, que vous avez ajouté à vos esprits alliés habituels.

Tournez-vous vers le sud et dites :

Esprit de la sauge, toi qui sais lutter contre les esprits nuisibles,
aide-moi à débarrasser Untel
des esprits nuisibles qui l'empoisonnent.

Tournez-vous vers l'ouest et appelez les esprits de l'ouest que vous aurez choisis comme esprits alliés et dites :

Esprits de l'ouest, accompagnez-moi dans les profondeurs des mondes
souterrains. Esprits minéraux, écartez
les pierres pointues et les rochers qui refusent de me laisser passer.
Esprits animaux, aidez-moi à passer sans encombre dans les sombres
tunnels et les failles dangereuses
et surtout prêtez-moi vos yeux et éclairez mon chemin.

Les esprits se manifestent : vous les voyez parfaitement bien mentalement.

Vous pouvez passer à la phase suivante.

Appelez votre esprit gardien

Qu'il soit un esprit de l'Air ou de l'Eau et non de la Terre ne change rien à l'affaire.

Si c'est un arbre, il vous aidera en vous faisant descendre le long de son tronc jusqu'à ses racines et vous protégera de ses branches.

Si c'est un aigle, il vous prêtera son regard et saura vous ramener à la surface de la Terre.

Si c'est un sanglier, il vous élargira les tunnels et vous passerez sans encombre tandis que les esprits alliés captureront les esprits nuisibles.

Unissez-vous donc à lui sans crainte. Vous pouvez partir.

Commencez le voyage

Visualisez l'image des cercles concentriques (chapitre 12).

Rendez-vous mentalement dans l'endroit d'où vous partez généralement.

Avancez lentement dans le tunnel et cherchez à repérer les esprits nuisibles qui doivent apparaître sous la forme d'insectes plus ou moins répugnants.

Les esprits nuisibles sont détectés

Demandez à vos esprits alliés de les saisir puis avalez-les (mentalement).

Vous revenez rapidement.

Vous êtes revenu

Vous vous placez près de votre patient et crachez symboliquement les esprits dans un récipient posé à côté de lui.

Le malade se sent mieux

Normalement, le malade se sent mieux.

Remerciements

Il est indispensable de remercier les esprits, en commençant par le Grand Esprit.

Prenez le bâton de sauge. Allumez-le.

Tournez-vous successivement vers les quatre points cardinaux et dites à chaque fois :

Ô Grand Père Wakan Tanka, aujourd'hui tu nous as aidés. Tu as été miséricordieux envers cet être qui te demandait secours. Nous te remercions pour cette aide.
Nous t'offrons cette fumée qui t'est consacrée afin que ton aide persiste à jamais.

Éteignez le bâton dans le cendrier.

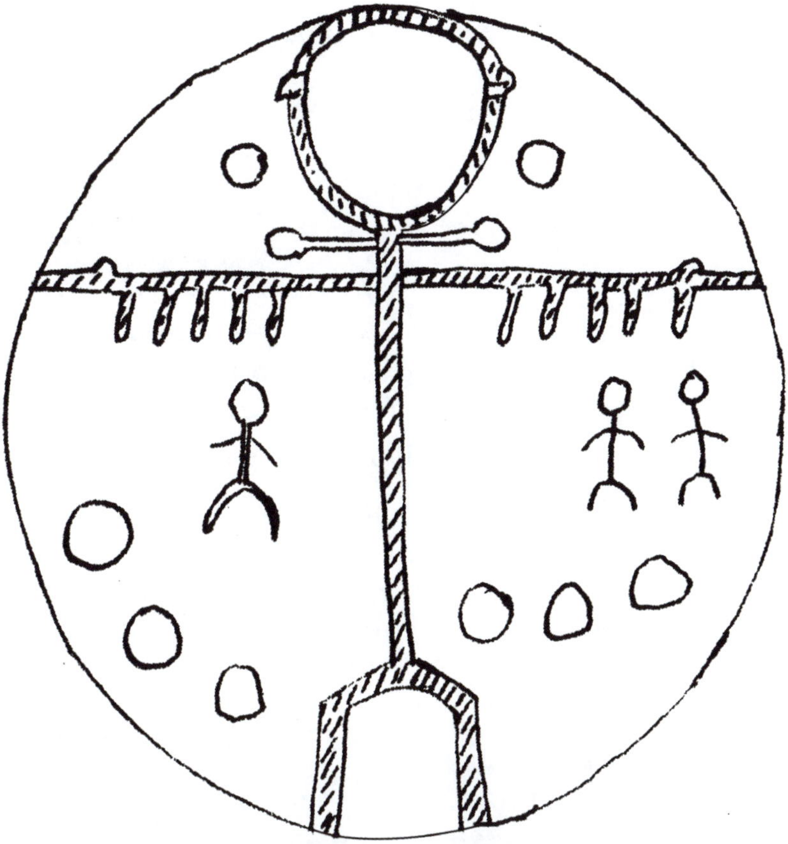

Un tambour chamanique

Ô toi, passereau qui élèves si bien ta famille, puisses-tu faire croître la famille d'Untel qui te le demande. Ce bâton de sauge sera bientôt offert à Wakan Tanka. Aide-nous !

Rituel pour fonder une famille heureuse

Chapitre 15

Rituels pour favoriser les entreprises

Il est classique aujourd'hui de faire appel à des chamans avant d'entreprendre quelque chose d'important, pour faire aboutir un travail, une œuvre ou une affaire déjà en cours.

On peut donc faire un rituel pour conclure un contrat, ouvrir un nouveau commerce, réussir un examen, faire un voyage sans encombre, écrire un livre, construire quelque chose, mener à bien une histoire d'amour, un mariage, avoir un enfant… ou gagner une bataille, quelle qu'elle soit.

En général, le chaman fait donc le rituel pour un tiers (mais rien ne vous empêche de le faire pour vous-même).

Préparation

Définir le but à atteindre

Afin de déterminer correctement les modalités du rituel, le but à atteindre doit être clairement précisé.

On ne fera pas forcément appel aux mêmes esprits pour une histoire d'amour, gagner un procès, une compétition sportive ou une grosse entreprise financière.

Même si c'est pour vous, il vous appartient de bien définir ce que vous souhaitez obtenir. Si le rituel concerne un tiers, ce qui la plupart du temps est le cas, questionnez-le jusqu'à ce que vous soyez sûr d'avoir bien compris ce qu'il désire et qu'il n'y ait pas chez ce tiers un non-dit ou une arrière-pensée.

À partir de là, vous allez pouvoir préparer tous les symboles dont vous aurez besoin. Cette préparation se fera à l'avance, car elle nécessite un certain temps de réflexion.

La préparation générale pour n'importe quelle entreprise

Il vous faudra les objets habituels : la bougie blanche et les quatre bougies de différentes couleurs, les allumettes, l'éteignoir, le brûleur en terre ou la grande coquille, le cendrier. Munissez-vous d'un ou plusieurs bâtons de sauge, et de feuilles de sauge. Prenez le tapis tracé montrant le cercle, la croix et le centre.

Il vous faut des cailloux : inutile d'en avoir une pelletée : un petit tas suffit, et on peut les disposer sans les serrer.

Définir les esprits alliés et leurs symboles en fonction du but à obtenir

En fonction de ce but, il vous faudra mettre l'accent sur tel ou tel point du rituel et surtout, vous devrez sans doute trouver des esprits alliés spécifiques du but à atteindre en plus de ceux qui répondent d'habitude à votre appel. C'est cela qui, surtout au début de votre apprentissage de chaman, demande le plus de temps.

L'esprit d'un arbre au pied de la bougie du nord

Pour que l'affaire, quelle qu'elle puisse être, soit solide, durable et se développe, il serait avantageux d'obtenir l'aide de l'esprit d'un bel arbre.

L'esprit de l'arbre est particulièrement puissant : par ses racines, il est un symbole de bases solides, et par ses branches, un symbole d'épanouissement ; par son élévation vers le ciel, un symbole d'amélioration constante. Par ses fruits ou ses graines, il est de plus symbole de fécondité. Un frêne serait le bienvenu. En tant qu'esprit allié, vous le placerez au pied de la bougie du nord, ce qui ajoutera à sa valeur une grandeur cosmique, surtout s'il s'agit d'un frêne qui, dans la mythologique nordique, a été choisi comme arbre d'immortalité. Il est l'arbre du monde, il est Yggdrasil le géant, dieu de la fécondité. Il prend racine dans la sagesse et il supporte la voûte du ciel.

Vous pouvez, si vous le préférez, le prendre comme esprit guide. Vous mettant en communication avec les trois mondes, il vous sera alors facile d'aller chercher conseil auprès des esprits de ces trois mondes et au plus haut niveau.

Un chêne pourrait aussi bien faire l'affaire : ses vertus sont la virilité, la force, l'endurance et la longévité. Ses feuilles sont le symbole de la puissance militaire.

Pour une histoire d'amour

Pour une histoire d'amour, si vous voulez être aimé et faire aboutir une liaison, il faudra des esprits alliés en rapport avec Vénus, l'étoile du matin.

Près de la bougie bleue de l'est

À côté de vos esprits alliés de l'Air, ajoutez des symboles spécifiques pour l'amour : du cuivre rose (métal de Vénus), une rose ou l'image d'une rose. Vous pouvez aussi choisir l'image d'une colombe, ou une coquille. Si vous espérez des enfants, ajoutez l'image d'un passereau.

Pour une histoire juridique

Il vous faudra des esprits du Feu supplémentaires pour la lutte.

Au pied de la bougie du sud

À côté des objets symbolisant vos esprits alliés, ajoutez l'image d'un loup, d'un grenat, ou un morceau de jade, symbole des esprits de justice, ou encore l'image d'un chêne (c'est sous un chêne que saint Louis rendait la justice).

Pour la réalisation d'une œuvre littéraire ou artistique

Ajoutez au pied de la bougie de l'est, l'image d'un lys.
Au pied de la bougie de l'ouest, l'image d'un cygne.
Au pied de la bougie du sud, l'image d'un lotus épanoui.

Pour un voyage

Si le voyage comporte des risques potentiels, il faudra les définir. Ils peuvent être financiers, affectifs, physiques (attentat, détournement, accident).

Il faudra également déterminer s'il s'agit d'un voyage par air, terre ou eau ou par plusieurs voies. Puisque pour se rendre à l'aéroport ou pour rejoindre le bateau il faudra d'abord cheminer sur la terre (et bien sûr, même chose pour le retour), il faudra ajouter aux esprits de l'Air ou de l'Eau des esprits de la Terre.

Pour un voyage par terre :

Placez au pied de la bougie du nord, élément Terre, en plus des symboles de vos esprits alliés habituels, l'image d'un cheval.

Pour un voyage par air :

Au pied de la bougie de l'est, élément Air, ajoutez à vos esprits allés habituels l'image d'une oie sauvage ou d'un cygne.

Pour un voyage par bateau :

Au pied de la bougie de l'ouest, élément Eau, ajoutez à vos propres esprits alliés l'image d'un dauphin.

Pour une entreprise financière

Ajoutez aux objets symboliques de vos propres esprits alliés :
Au pied de la bougie de l'est, l'image d'une abeille.
Au pied de la bougie du sud, l'image du trèfle ou du blé.
Au pied de la bougie de l'ouest, l'image d'une souris.
Au pied de la bougie du nord, l'image d'une vache.

De plus, le bénéficiaire du rituel doit mettre des pièces de monnaie dans une soucoupe placée à côté de la bougie blanche.

Pour une réussite intellectuelle

Ajoutez :
Au pied de la bougie du nord : l'image d'un frêne ou du chêne.
Au pied de la bougie de l'ouest : l'image d'une chouette ou d'un ours.

Pour une compétition

Ajoutez :
Au pied de la bougie du sud : l'image d'un tigre.
Au pied de la bougie du nord : l'image d'un bison.

Ordonnez tous les éléments dans le lieu où vous allez effectuer le rituel

Vous pouvez procéder à cet ordonnancement soit avant l'arrivée de la personne que vous allez aider dans son entreprise soit peu de temps après son arrivée, une fois que vous l'avez installée dans la pièce où vous allez officier.

Placez le tapis sur lequel est tracé le cercle, la croix et le centre juste à l'est de votre endroit.

Mettez les cailloux en place sur le tracé du tapis ainsi que les quatre bougies.

Placez au pied des bougies les symboles des esprits que vous avez préparés (ceux de vos esprits alliés habituels ainsi que les esprits alliés supplémentaires que vous aurez choisis).

Posez la bougie blanche, les allumettes et l'éteignoir près de votre endroit.

Préparez sur une petite table à portée de la main, avec la grande coquille d'abalone, les feuilles de sauges, un ou deux bâtons de sauge, la plume et le cendrier, ainsi que les charbons.

Le rituel

Première partie : purification du lieu

Allumez toutes les bougies.

Allumez le bâton de sauge à la bougie blanche. Passez la fumée partout comme précédemment.

Allez allumer les braises, placez-les dans le brûloir ou la coquille. Déposez les feuilles de sauge sur les braises et placez le tout au centre du cercle.

Faites battre le tambour ou écoutez un CD durant environ un quart d'heure.

Passez en état de conscience chamanique et invoquez le Grand Esprit :

Invocation au Grand Esprit

Plongez les mains dans la fumée, frottez-vous le visage avec la fumée et dites :

Ô Wakan Tanka, j'ai placé cette herbe que tu as créée
dans le cercle qui t'appartient. La fumée,
qui monte de la terre et du feu, appartiendra à tout ce qui se meut
dans l'univers et à tout ce qui existe. Leur offrande te sera donnée.
Nous te consacrons tout ce que nous touchons.

Invocation à l'esprit du vent de l'est

Prenez le bâton de sauge, rallumez-le et dirigez sa fumée vers l'est en disant :

Esprit du vent, j'ai entendu ta voix ; esprit du vent, j'écoute ton appel,
c'est par toi que le nouveau jour vient au monde.
C'est par toi que tout commence ou se renouvelle.
Je t'offre cette fumée issue de l'herbe sacrée et je t'en conjure :
permets que ce projet commence (dites de quel projet il s'agit).

Invocation aux quatre vents

Faites passer la fumée de la sauge quatre bougies en disant :

Esprits des quatre vents,
vous qui êtes issus du Souffle du Grand Esprit.
Vous qui soufflez sur le cercle du Pouvoir, j'écoute votre appel.

Vous les quatre Pouvoirs de l'univers,
vous les ailés de l'air, aidez Untel à réaliser son rêve.

Appel des esprits alliés

L'appel des esprits alliés se fait toujours de la même manière (voir chapitre 11).

Puis vous leur demandez mentalement de vous aider à faire venir les esprits alliés supplémentaires dont vous avez besoin pour l'affaire qui vous occupe.

Union avec l'esprit guide

Vous appelez ensuite votre esprit guide qui ne fera plus qu'un avec vous.

Demande pour la réussite de l'affaire

En vous inspirant de la phrase en exergue, demandez aux esprits que vous avez choisis en fonction de l'entreprise à favoriser d'aider le demandeur dans sa démarche.

En fait, il ne s'agit là que d'une adaptation des anciens rituels que les chamans exécutaient avant le départ pour la chasse de la tribu à laquelle ils appartenaient.

* * *

La pratique chamanique et l'utilisation de la sauge vous permettront de contacter l'esprit des animaux, des végétaux et des minéraux. Elles nécessitent un apprentissage continu et chaque pas effectué permet d'avancer dans ce monde fascinant. Il n'est pas utile d'attendre une « preuve » scientifique, il suffit d'observer les changements qui ont lieu dans votre propre esprit, dans votre propre vie, durant la pratique, pour constater l'efficacité de la sauge !

Cette plante essentielle et centrale dans les pratiques chamaniques, bien qu'elle ne soit pas la seule plante utilisée, mérite qu'on apprenne à la connaître, à l'aimer, à la respecter, à lui parler. Elle apportera alors sa richesse à votre expérience chamanique inscrite dans la vie quotidienne moderne.

Table des matières

Introduction 7

Première partie :
Les vertus thérapeutiques de la sauge des chamans 9

Chapitre 1 – La sauge dans l'histoire ; ses différents noms 11
Chapitre 2 – Légendes et pratiques populaires 25
Chapitre 3 – Description de la plante et de ses différentes espèces 33
Chapitre 4 – Les propriétés et les principes actifs de la sauge 49
Chapitre 5 – Les préparations de la sauge 53

Seconde partie :
Le chamanisme et les rituels chamaniques 67

Chapitre 6 – D'Abraham aux Amérindiens 69
Chapitre 7 – Les anciens chamans d'Eurasie septentrionale 77
Chapitre 8 – L'herbe du diable et la petite fumée 91
Chapitre 9 – Le chamanisme à la portée de tous 103
Chapitre 10 – Entrer dans la pratique du chamanisme 113
Chapitre 11 – Rituel pour trouver ses esprits alliés et son esprit gardien 121
Chapitre 12 – Voyager dans le Monde d'en bas 135
Chapitre 13 – Voyager dans le Monde d'en haut 143
Chapitre 14 – Les rituels de l'homme-médecine 147
Chapitre 15 – Rituels pour favoriser les entreprises 153

Impression & brochage SEPEC - France
Numéro d'impression : 04875170301 - Dépôt légal : novembre 2016
Achevé d'imprimer en avril 2017

IMPRIM'VERT®

PEFC 10-31-1470 / Certifié PEFC / Ce produit est issu de forêts gérées durablement et de sources contrôlées. / pefc-france.org